Modified Grounded Theory Approach

グラウンデッド・セオリー・アプローチの実践

【質的研究への誘い】

木下康仁＝著
Yasuhito Kinoshita

弘文堂

グラウンデッド・セオリー・アプローチの実践 ◉ 目次

序　章

この本は、質的研究法の一つとして広く知られているグラウンデッド・セオリー・アプローチに独自の修正を加えた、修正版グラウンデッド・セオリー・アプローチの分析技法を具体的に説明したものである。なお、便宜上本書では、修正版あるいは修正版M-GTA（Modified Grounded Theory Approach）と略記する。この研究アプローチは一九六〇年代にグレーザーとストラウスという二人のアメリカの社会学者によって提唱され、データに密着した（grounded on data）分析から独自の理論を生成する研究法として国際的にも注目されているものである。

考案者の二人は一九六〇年代初め以降長くカリフォルニア大学（サンフランシスコ校）看護学部に勤務し医療社会学分野で数多くの先駆的研究を残したが、同時にたくさんの看護学研究者を養成していった。そうしたこともあり、グラウンデッド・セオリー・アプローチはアメリカの看護領域においてまず定着していった。両者の中では総合的にみればストラウスの影響が非常に大きかったが、この研究法に関しては当初からグレーザーの影響が大きいように思われる。ともかく、この研究法はアメリカ以外の国へも最初は看護領域で関心をもたれるようになり、その動きがソーシャルワーク、教育などのヒューマン・サービス領域へと拡大し、同時に、社会学における関心をも喚起していった。日本でも現在では、看護・保健、医療、リハビリテーション、ソーシャルワーク、介護、教育、臨床心理などの領域と、質的研究法の観点から社会学で注目されるに至っている。こうした展開からわかるように、この研究法は研究方法としての斬新性だけでなく、現実の実践的課題への対応に有効であるとされ、その面を強調すればアクション・リサーチの強力な方法と言うこともできる。

このようにグラウンデッド・セオリー・アプローチは独自の理論生成を可能とする研究法として関心をもたれているのだが、そしてそれで間違いではないのだが、それだけではなぜこの研究法が考案されたのかを理解したことにはならない。この研究法は『The Discovery of Grounded Theory: strategies for qualitative research（データ対話型理論の発見）』(Glaser & Strauss, 1967)という書物によってまとまった形で世に問われたのであるが、その背景には理論の検証に偏った当時の社会学研究のあり方に対するグレーザーとストラウスの強い批判があったのである。実証的研究における理論とデータとのギャップという問題であった。彼らは実証的研究が理論の生成へと発展できない点を批判し、それが検証偏重にあると考えたのである。そして、理論とデータとのギャップを克服するための足場を、理論の側ではなくデータの重視に求めたのである。この視点の転換がきわめて戦略的であったのであり、力点をデータの側に切り換えることで、データに密着しつつていねいに解釈を積み上げて理論の形にまとめていく研究のあり方を提起したのである。データに密着（grounded on data）した分析という鉄則の原点は、ここにある。

およそどのような研究法であっても長所と欠点を併せ持つものであり、バランスの取れた理解が必要である。また、それが最初に提案された背景に、いかなる批判や問題意識があったのかをしっかり理解することもその研究法を理解するために不可欠のことである。グラウンデッド・セオリー・アプローチに関しても、こうした指摘が必要であろう。この研究法への最近の関心には、こうした点が欠落しているように思えるからである。

近年、質的研究への関心が高まりをみせておりブーム的な感さえあるのだが、こうした知的状況の分析それ自体も必要であるが、この間三五年以上にもわたり質的研究法として提示されてきたグラウンデッド・セオリー・アプローチが果たしてきた役割も大きいと言えよう。とりわけ、質的研究でありながらデータに密着した分析を行ないその結果を理論としてまとめることができるという点に関心と期待は集中し、その実際の方法をめぐって錯綜した議論が展開されてきた。つまり、「グラウンデッド・セオリー・アプローチとは何であるか？」ではなく「いかにしてグラウンデッド・セオリー・アプローチを実践できるか？」に関心が向けられていった。現在でもこの状況に変わりはない。

もっとも、こうした関心のあり様は当然のことであって、グレーザーとストラウスが標榜している点についてはおよそデータを用いた研究をしている人間であれば異論があろうはずはないからである。そのため、初めて聞いた人は、データに密着した分析と言われても自分らがしていることは昔からデータに密着した研究であるといった類の反応を示しやすい。これには、だからどこが違うのかという下の句があるのだが、簡単には説明しにくいのも事実である。理解が十分でないと人に説明するのはむずかしいという一般論ではなく、この場合には特有のむずかしさがある。データに密着した分析と言いつつも前提となる部分に独自の考えをおいているからそこから違いを明らかにしなければならないのである。比喩的に言えば、同じ土俵に上がっていると思っている人に実はそちらとこちらの土俵は違うとか、微妙にずれているという説明になるから、簡単に効率よく伝えにくいのである。そのため、帰納的方法なのか演繹的方法なのかといったレベルまで含めて理解の混乱がみられた。私は前著『グラウンデッド・セオリー・アプローチ――質的実証研究の再生』(木下，1999　以下、本書では、前著と略記)で、研究のあり方として、研究方法論として、分析技法として、そして、思考法の特性として、の4点からグラウンデッド・セオリー・アプローチについて論じたのであるが、すそ野から説明しなくてはならない大変さがある。裏を返せば、こうした状況はこの研究法のユニークさを示唆しているとも言えるのであるが、グレーザーとストラウスは混乱を解消するところまで明確化しなかったし、前著で詳しく論じたようにその後二人が対立するという事態が起きたため、説明の大変さはむしろ増大した。

したがって、グラウンデッド・セオリー・アプローチとは「何であるか？」と「いかに実践できるか？」の間には当初から明確ではない問題があり、実際のデータの分析の仕方に関しても独創的な考え方は種々示されてはいるが、肝心のコーディング技法の詳細は明確に示されてこなかった。そのため、非常に斬新な研究法であるらしいということまではわかるのだが、データを実際にどのように扱ったらよいのかまでは分かりにくかった。わかったようでわからないという特有の不全感がみられた。にもかかわらず、多くの人々がこの研究法に魅せられ続け、また、新たに関心を抱く人々が増えているのは、『データ対話型理論の発見』の有名な冒頭の一節に、新しい研究法としての可能性を感じているからではないだろうか。そこには次のようなことが書かれている。マートンの中範囲理論とラザースフェルドの数量的方法論で知られるコロンビア大学社会学部で研究者としての訓練を受けたグレーザーと、「地べたをはいずりまわって行われる質的調査と、厳密というにはほど遠い方法論と、それから統合されない形でなされる理論の提示のことを連想さ」せるシカゴ大学社会学部で訓練を受けたストラウスの二人が、「理論と経験的調査のギャップを埋めるために」考案した研究法がグラウンデッド・セオリー・アプローチであると謳われている（同書、p. i）。それまでの数量的研究法とは異なり、かといってそれとまったく対立する立場にたっての質的研究法でもなく、数量的研究法と質的研究法の特性を統合した新たな研究法を予感させるものであり、ここにもグラウンデッド・セオリー・アプローチの原点があると言えよう。

その後、一九九〇年代に入るとグレーザーとストラウスが分析方法をめぐって対立し、その決着を見ないままストラウスが死去するという展開があり、分析方法に関する問題は、当初からのものも対立によって表面化したものも残されたままとなった。

私は前著で、グラウンデッド・セオリー・アプローチについてこうした状況を多角的に論じ、その革新的可能性を明らかにした。合わせて、この研究アプローチの特性を活かし、実践しやすい方法を修正版として提案した。当事者以外の手による批判的検討がなされてこなかったため、この作業によりグラウンデッド・セオリー・アプローチを「論」として俎上に載せることはできたと思っている。また、質的研究への関心が急激な高まりをみせている状況の中で、この研究法についての議論が生産的に行なわれるようにしなくてはならないという思いもあった。

前著への反応は私の予想を超えたものであり、改めてこの研究法への関心と期待の高さを感じさせるものであった。「モヤモヤがとれた」とか「これならやれるかもしれない」といった反応がある一方で、スーパーバイザーの指導がなければできないのではないかという疑問、あるいは、修正版をもっと実際の研究展開にそくして説明してほしいといった要望も寄せられた。また、グラウンデッド・セオリー・アプローチについてそれなりに学習し分析まで試みた人の中には、データの切片化と一般的な質的データのコーディング法とをごっちゃにし理論的サンプリングも、したがってむろん理論的飽和化もあいまいなまま作業だけを進めてしまう場合が少なからずみられた。データの切片化、理論的サンプリング、理論的飽和化はこの研究法に特徴的な考え方である。基本的な考え方は前著で論じてあるのでそれを理解してもらえば十分であると考える反面、さまざまな反応がわかるにつれスーパーバイザーがいなくても実践できるように提示する必要性はあると考え、分析技法としてまとめる作業を本格化した。その結果が、この本となった。どこまで成功しているかは読者の厳しい判断に委ねるしかないのだが、考え方と作業とをできるだけ一体で説明しているので理解しやすいだけでなく納得して実際に試してみることができるのではないかと期待している。

というのは、質的データの解釈とは分析者の判断に拠るのであるから、重要なことはそれが的確に行なえることとなる。スーパーバイザーの役割は共同研究者のそれとは異なり、個々の判断が的確に行なわれるよう判断者に対して確認をうながすことである。つまり、判断を肩代わりするのではなく、分析者が自分の判断が的確であるかどうかを確認するように働きかけるのであり、不十分な場合には分析者は元に戻って検討しなおせるよう回路を示すことにある。換言すると、分析者はデータと向かい合うのに対して、スーパーバイザーはデータと向かい合っている分析者に向かい合うという位置関係になる。そこで本書は、スーパーバイザーの果たすべき役割を機能として説明しようと試みている。本書での記述には単に手順だけが説明されているのではなく、判断のチェックポイントが内蔵されていることを意識してもらいたい。

本書にはいろいろと具体的なアドバイスも盛り込んではいるが、狙いは判断の自己確認ができるようになることにあるので、ハウツー（how-to）的な利用ではなく、方法や手順と考え方をセットでいったん自分自身を経由して理解すると思ってもらいたい。分析者である自分自身でしかできない作業があり、そこは誰も代われないし、また代わらせるべきでもない。なぜなら、質的研究の醍醐味はまさにそこにあるからである。同時に、報告する結果に対する責任の明確化という意味もある。質的データの解釈はハウツー的に行なえるはずがないのであるから言うまでもないかもしれないが、本書への期待がずれないよう最初に念をおしておきたい。

ところで、本書で説明している修正版 M-GTA にも自己形成のプロセスがあり、最初からこのような形だったわけではない。また、本書を執筆していく中でこれまで明確化を徹底していなかった部分を具体的な手順として明示したところもある。修正版の内容自体は、スーパーバイザーとして関わった研究例や関連の研究会への参加などを介して、徐々に形作られてきたものである。本書の内容がこれで完成しているとは思わないが、主要な点については明らかにできていると考えている。つまり、前著の内容を踏まえつつ、具体的な研究例への関与を通して技法としてまとめたものであるから経験的な検討を経ている。距離をおいたところから、理解されにくい点、誤解されやすい点、失敗しやすい点などをそれぞれに確認しては、それを解決する方法を考えたり、注意事項をまとめるというプロセスの結果が、現在の修正版 M-GTA の形となっている。本書で紹介している具体例も、そこからのものである。こうした形成過程自体がグラウンデッド・セオリー・アプローチ的でもあり、スーパーバイズの経験で明らかになったことがらは本書の中で網羅的に述べられているから、読者は自分の経験に照らして自己判断がしやすいであろう。つまり、規範的なチェックではなく、経験的に自分の判断をチェックできるよう工夫しているので、困ったときに参照してもらいたい。そうすれば「もうダメだ」という結論ではなく、「では、どうしたらよいか」が考えられるはずである。もしひとりではうまくできなければ、研究仲間でお互いにスーパーバイザーの役割を決めて口頭でのやりとりをすると、どちらにとっても学習になるから効果的である。

また、修正版 M-GTA を用いた研究結果をたくさん読むことも重要な学習である。その文献情報を私のホームページ上で紹介しているので参考にしてもらいたい。前著刊行後のものが大部分であるが、現在までのところ、看護・保健、ソーシャルワーク・社会福祉、作業療法、臨床心理、社会学の領域にわたって研究例が蓄積されつつあり、論文数が一定程度揃うまでは今後も適時追加していく予定である（http://www.soc.rikkyo.ac.jp/~yasuhito/）。なお、上記のように修正版が形成されていった経緯があるため、ホームページ上で紹介している研究例がすべて本書で説明している方法手順をとって行なわれたわけではない。しかし、基本的なところでは修正版の考え方に基づいているので参考になろう。

この関連で指摘しておきたいのは、研究方法には学ぶべきときがあるということである。これは何も修正版 M-GTA に限ったことではないし、質的研究法だからというわけでもなく研究方法の学習一般についても言えることである。しかし、敢えてこうした指摘をするのは、学習に計画性がない場合が多いからである。例えば、修士論文を書く年度に入ってから学習を始めるとか、調査を開始してから学習を始めたりする。泳法の解説書を手に水泳大会に出るようなものであり、少なくとも実際に調査に用いる前に知識としてでも学習しておくよう心がけてもらいたい。いきなり本番で実践するのは無理であるし、準備が計画的でないという点では無謀と言える。

次に本書の構成上の特徴について触れておこう。本書は二部二十章で構成されており、第一部では修正版M-GTAを理解する上で重要な関連事項について論じている。質的研究とグラウンデッド・セオリー・アプローチの関係について検討しているが、質的研究をめぐる近年の一般状況の分析に力点をおくのではなく、修正版の位置づけが目的である。なぜなら、質的研究一般について論ずることと、特定の質的研究法について論ずることは同じではないからである。これは学習する側にとっても同様で、質的研究について学ぶことと自分が調査で実際にどの方法を用いるかという問題は同じではないからである。少し説明すると、こういうことである。数量的分析法や一般の社会調査法であれば、通常説明されるべき内容自体は共通している。ときに画期的な新解析法が開発されることがなくはないにしても、普通は説明すべき内容がいかに理解しやすく書かれているかで解説書も評価される傾向にある。初心者向けから専門的研究者向けといった読者対象の違いによって内容が書き分けられることはあっても、説明すべき内容自体が執筆者によって変わることはない。これに対して、質的研究法の場合にはこうした意味で説明すべき内容が確立されているとは言えないから、説明する人間ごとに内容やその中での強弱に違いがみられる。つまり、質的研究法について論ずるのは、それ自体がオリジナリティのある作業といえる。先ほど用いた「何であるか？」と「どのように実践するか？」という区分はここでも有効なのであって、質的研究とその方法一般だけを論ずるのでは十分ではなく、同時に特定の質的研究法についても説明しないと両方を説明したことにならない。

しかし、これをひとつの著作で行なうのは至難の業であるし、仮に試みても相当の大著になるであろう。私にはイメージしにくいのだが、そもそも性質の異なる作業とみるべきであろう。質的研究法一般について論ずるというレベルがありうるし、個別の質的研究法について論ずることもまたありうるのであって、そこは研究者の関心に拠る。この区分で言えば本書は後者に入るのであり、修正版の理解に関わるところでの質的研究法への考察にとどめている。

一方、このことは学習者の立場にたつと、どちらか一方だけで十分ということにはならない。質的研究一般についての著作や入門的著作で学習することは当然必要ではあるが、それだけで実際に調査まで進むのは十分ではないということである。また、特定の研究法だけを学んでもその長所と弱点を比較的に理解できないから、バランスの悪い理解となる。そこで、基礎的な理解を踏まえ、自分が用いる研究法は個別に学習する中で選択していく方がよい。本書の読者には、したがって、質的研究一般についての学習も期待されている。

第一部ではまた、質的研究一般との関連だけでなく、他のグラウンデッド・セオリー・アプローチ、すなわち、詳しくは本書で必要に応じて比較しながら取り上げて論じていくが、グレーザーとストラウスによるオリジナル版（Glaser & Strauss, 1967）、グレーザー版（Glaser, 1978, 1992）、ストラウス・コービン版（1990）に対しての修正版M-GTAの位置づけ作業も行なっている。グラウンデッド・セオリー・アプローチという点では共通しているからこれら相互の違いはそれほどないと思われるかもしれないが、修正版M-GTAと他のタイプの違いは、とくに技法面において相当大きいということをまず念頭においてもらいたい。むろん、この研究アプローチに共通する考え方があるのは言うまでもない。しかし、「どう実践するか？」に関しては、修正版は他の3タイプとは異なる方式を採用するので混同しないよう、修正版は修正版として単品で理解されたい。データをいかにコーディングするかという分析の根幹に関わる違いだからであり、ごっちゃにするとどちらの方法も適切に理解できなくなる。先に指摘した、当初からあったあいまいな点と、グレーザーとストラウスらの対立によって表面化した点は、実はコーディング方法を改善することで同時に解決できるというのが私の判断であり、それが修正版M-GTAである。

第二部では基本的に実際の調査の流れに沿う形で修正版の方法を説明している。研究を構想するところから最終的に論文を執筆していくまでのプロセスを中心にステップに分けて論じている。記述の多い章と少ない章があり一見してのバランスがよくないのであるが、これは重要なことは多少の重複になっても関連する箇所でできるだけ詳しく説明した方がよいという判断と、簡潔な説明を旨とするという判断の結果生じたものである。長い章では、節に分けている。また、理解の助けとなるよういくつか図を挿入している。

このように第一部と第二部は内容的に独立しているので、どちらから先に読んでもかまわない。

最後に、前著で論じたことと本書とのつながりで、本論に入る前に触れておきたい点について述べる。

第一に、分析結果であるグラウンデッド・セオリーには特定の領域に関する領域密着型理論(substantive grounded theory)と領域を越えたところで成立するフォーマル理論(formal grounded theory)の二つのタイプが、グレーザーとストラウスによってオリジナル版において提示されている。前者のタイプのグラウンデッド・セオリーを相互比較により発展させたものがフォーマル理論とされているのであるが、これまでのところそこまでの展開は非常に限られている。グラウンデッド・セオリー・アプローチの特性はなによりも領域密着型理論として十二分に発揮できると考えるので、本書ではグラウンデッド・セオリー・アプローチという場合にそちらのタイプを指すものとする。

第二に、領域密着型理論であってもグレーザーとストラウスらの研究例をみてもわかるように単行本サイズのかなりの分量による複雑な構成であるため、前著では実行しやすいように、よりコンパクトな形を推奨してミニ版グラウンデッド・セオリーという言い方と、現場との関連性を強調して、例えば病棟、老人ホームの食堂、教室・保健室などといったある特定の社会空間に対応するスポット型グラウンデッド・セオリーという言い方をした。今回、修正版M-GTAとして提示しているのはこうしたコンパクトなグラウンデッド・セオリーを生成する方法であり、ミニ版、スポット型のそれぞれの考え方を統合している。この違いは、修正版の特性とひとつである方法論的限定によって対応できるからである。私としては、複雑な構成の大型の論文を目指すよりもこの方が理解と実践をうながすので現実的であると考えている。また、コンパクトな論文をいくつか関連させて書いていけば、そしてこうした展開が自然にできるところに実は修正版の特徴があるのだが、博士論文などの場合であっても最終的には全体として統合性と高い研究が可能となる。詳しい説明は本文にゆずるが、修正版の特徴は、緻密な分析が確実におこないやすく、また分析結果が実践現場で活用しやすい点にあるので、この本ではミニ版、スポット型という言い方はせずにそれらを統合して修正版の標記で統一している。

かつてC・W・ミルズはその著『社会学的想像力』(Mills, 1959) において、方法論的禁制というメッセージを残している。「〈科学的方法〉によって、問題選択や問題設定の方法が非常にきびしく制限されるため、結局のところ方法論によって問題が決定されてくる」(76頁) ことを指すのであるが、簡単に言えば研究方法にこだわりすぎて社会的現実に正面から向かい合うことを回避しがちな研究のあり方を批判した表現なのであるが、今日においても十分説得力をもつ指摘である。フィールドワークであれ面接調査であれ、調査の現場にいるとき、私たちは言わば丸腰のままで社会的現実を背負った他者と向かい合う。不安と緊張感の中で研究の目的を理解してもらい、話を聞く。援助的ニーズのある他者の場合は、なおのことである。そして、そのときの空気を内にとどめたまま記録はデータとして私たちの手元で分析の対象となる。データはまさにデータであることによって最大限の尊重を要請しているのであり、そこから読み取られた意味の世界はデータが負っていた社会的現実の世界へと伝えられ、ささやかなりといえどもその知見が意味をもつことを願う。社会的活動としての研究の意味を考えればこれはあまりにも当然のことである。データの収集を自分で行なうことは、この点において分析のための不可欠の行為である。

近年、研究のあり方に批判的検討がなされ、研究活動に対しても内省的な視線が向けられるようになったのは驚くに当たらない。調査者と被調査者の関係、データ収集が行なわれる場のあり方、テキスト化されたデータなどに関して問い直しがなされ、そして、そこからのひとつの方向として他者の語りへと比重が移行していく展開は、十分に理解できることである。むしろ、現在、私たちが注目すべきはこうした展開が研究者や専門職の世界だけで完結するのではなく、研究の成果が本当に語りの場、現実の世界へとつながる回路を開拓できるのかどうかである。研究の世界とて理論潮流は時代、時代によって興隆や衰退の波があるのであるから、何が変わり、何が変わらないのかを見極める冷徹な視線をもたなくてはならない時期にきているのではないだろうか。

翻って、丸腰の調査者をもう一度考えてみたい。私は、調査者は調査者であることに徹底すべきであり、そのことで社会的責任を負うべき存在だと思うのだが、丸腰であることは調査においてもデータの分析においても、つまりは、社会的現実を背負った他者に対して正面から向かい合う、あるいは、正面から向かい合わざるをえない位置に意識して立つことを意味する。これが質的研究に共通する特性であり、自分自身がインスツルメント（instrument 道具、手段）であるといわれる所以である。

グラウンデッド・セオリー・アプローチとの出会いとその後の関わりについては前著で述べてあるのでここでは繰り返さないが、この研究法には本来的にここで述べた研究のあり方を実現する可能性があると考えてきた。それはまた、実務に従事していたときに経験的に確認してきたことでもある。本書で提案する修正版グラウンデッド・セオリー・アプローチは、その可能性を広く試してもらえることを願って工夫したものである。

第一部　質的研究とグラウンデッド・セオリー・アプローチ

第一章　グラウンデッド・セオリーの理論特性

第一節　理論特性5項目

本書では研究法を指す場合にはグラウンデッド・セオリー・アプローチ、それを用いた研究結果はグラウンデッド・セオリーと分けて表記するが、グラウンデッド・セオリーの主要な特性は次の5点にまとめられる。

第一に、グラウンデッド・セオリーとはデータに密着した分析から独自の説明概念をつくって、それらによって統合的に構成された説明力にすぐれた理論である。ここでまず「概念」と「理論」の意味を理解しておく必要がある。グラウンデッド・セオリー・アプローチにおける概念とは、データを解釈して得られる仮説的なものであり一定程度の現象の多様性を説明できるものである。特定の要素を厳密に識別するものではない。同様に、理論とは説明的な概念によって構成されるのであるから、それ自体も説明的なものであり、説明できる範囲が個別概念よりも広くかつ関連的である。したがって、概念も理論も自然科学に範をおく用法とは本質的に異なり限定的なものであるが、限定的であることは厳密さの欠如、不確実性、なかんずく分析の不十分さを意味するのではなく、限定的であることを積極的前提とする立場である。だから、グラウンデッド・セオリー・アプローチならば理論が生成できるといっても、その理論とは普遍性を志向し広く一般化できる性質のものではなく、分析に用いたデータに関する限りという限定つきのものとなる。

では、限られたデータを緻密に分析しただけのチマチマした理論かというとそうではなく、後述の第五番目の特性とそれに続く内容特性4項目を介して一挙に開放可能性を有する。分析結果の一般化という問題に対して、独自の立場と方法を持っているのである。データに密着した分析から生成される理論は、それ自体の説明力に加え、応用されることにより検証されていくのである。

概念や理論についてのこうした考え方は、立場によっては、あいまいにすぎるものと判断され、概念とも理論とも認められないかもしれない。しかし、人間をめぐる現象の複雑さを思えば、グラウンデッド・セオリー・アプローチの用法の方がむしろ有効なのである。構成要素的に識別できる概念やそこから構成される理論が実証的研究から満足できる水準にまで到達できないという認識は、グレーザーとストラウスが一九六〇年代初めにそもそも批判した点であり、今日においてもその状況は変わっていない。あるいは、数量的研究法が非常に高度化した現在でこそむしろ、彼らの問題提起の再認識が求められていると言えよう。

第二に、グラウンデッド・セオリーとは継続的比較分析法による質的データを用いた研究で生成された理論である。比較分析自体は一般的なものでありとくに目新しいわけではないが、グラウンデッド・セオリー・アプローチはこれを絶妙な形で組み込んで調査分析方法にしているところに特徴がある。データに密着した分析であること、分析とデータ収集とを並行させること、この両者をつなぐのが比較法でとくに理論的サンプリングと呼ばれているものである。分析結果にもとづき、それと類似と対極の二方向で比較検討し、その有無をデータで継続的に確認していく。こうした並行的比較分析は、分析結果がまとまりデータとの確認が必要でなくなるレベル、すなわち、理論的飽和化まで続けられる。

第三に、グラウンデッド・セオリーとは人間と人間の直接的なやりとり、すなわち社会的相互作用に関係し、人間行動の説明と予測に有効であって、同時に、研究者によってその意義が明確に確認されている研究テーマによって限定された範囲内における説明力にすぐれた理論である。本書で提案する修正版M-GTAでは方法論的限定という独自の考え方を導入して調査分析過程を制御するのであるが、グラウンデッド・セオリーが対象とするのは通常思われているよりは限定された狭い範囲になると考えてよい。グラウンデッド・セオリーは、限定性を明確に設定した上で、その範囲内に関しては人間の行動の説明と予測に関して十分な内容であり、かつ、数量的研究方法を含め他の研究方法による結果と比べたときに優れた説明力をもちうるものである。

後述するように私は現在の研究評価のあり方は、どのようにデータが収集され分析されたかという分析方法の評価に著しく偏っていると考えており、個々の研究が取り上げた問い（何を明らかにしようとしたのか？）とそれに対する結果（何がわかったのか？）を評価に含めて総合的に判断すべきだという立場である。これはグラウンデッド・セオリー・アプローチについてだけ言えることではなく、質的研究一般さらには研究活動全般についても同様である。なぜなら、どの研究であれ、問いと結果によって社会的現実とつながるのでありーーそれゆえに、結果を導いた方法の適切さが評価の対象となるーー、その接点があって初めて研究は社会的活動として成り立つからである。グラウンデッド・セオリー・アプローチはこの回路を有している。

第四には、グラウンデッド・セオリーとは人間の行動、なかんずく他者との相互作用の変化を説明できる、言わば動態的説明理論である。この点はグレーザーとストラウス（Glaser & Strauss, 1967）によって当初から強調された理論特性である。現実の人間の行動は決して静止しているわけではなく常に多様な影響下で変化しているのであり、二つとしてまったく同じ社会的状況はないのであるから、類似した社会状況における主要な変化を関連づけて理解できる理論の生成を重視する立場である。

第五として、上記の二特性とつながるのだが、グラウンデッド・セオリーとは実践的活用を促す理論である。人間行動の説明だけでなく予測に有効であるということは、人間の行動の変化と多様性を一定程度説明でき、さらにはその知識に基づいてこれからの社会的相互作用に方向性をもてるということである。理論内容のどの部分に働きかければ相手の行動がどう変化するか予想できるので、ヒューマン・サービス領域での実践的な活用に耐えうる。ここにおいて、研究する

図１－１　グラウンデッド・セオリーの生成と応用

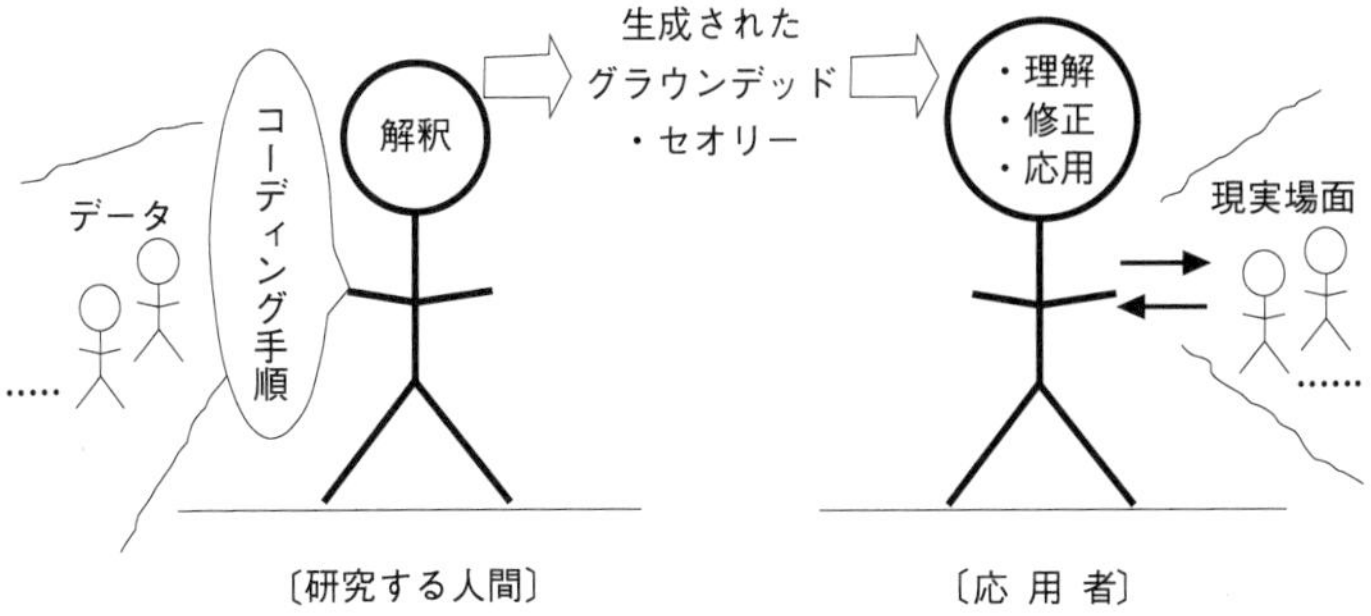

人間とは別のもう一人の人間が登場することになる。【応用者】である。

ここで強調しておきたいのは、グラウンデッド・セオリー・アプローチとは実践的活用を明確に意図した研究方法として考案されたということである。近年この点は強調されなくなっているが、私はやはり欠くことのできない重要な特性と考えており、修正版M-GTAは実践的な活用のための理論生成の方法であると自己規定している。図１－１で示しているように、発表されたグラウンデッド・セオリーは応用されて、つまり、データが収集された現場と同じような社会的な場に戻されて、そこでの現実的問題に対して試されることによってその出来ばえが評価されるべきであるとする立場である。応用が検証であるという視点と、それから、応用者が必要な修正を行うことで目的に適った活用ができることを重視する。だから、ここでいう応用とは提示されたグラウンデッド・セオリーをただ機械的に当てはめるという意味での応用なのではなく、また、調査が行われたのとまったく同一の場面で当てはめるという意味でもなく——それは不可能である——、応用者がそのときの自分の状況特性と目的に基づき必要な修正をしながら用いていくのである。だから、第一特性のところで述べたグラウンデッド・セオリー・アプローチに特徴的な概念と理論についての考え方は、複雑な個別的現実場面にいる応用者の判断とセットになって、他にない有効性を発揮しうるのである。

第二節　内容特性4項目

人間行動の動態説明理論と言えるグラウンデッド・セオリーは、変化と多様性に関してその主要な部分を相互に関連づけてまとめてあるので、応用者は自分の置かれた状況に対して自覚的に関われるのである。オリジナル版においてグラウンデッド・セオリーの内容特性として次の4項目が挙げられている。現実との適合性（fitness）、理解しやすさ（understanding）、一般性（generality）、コントロール（control）である。それぞれについて、みておこう。固有名詞的にはっきり理解できるので、英語のまま覚えるとよいだろう。

現実への適合性（fitness）とは、研究対象とする具体的領域や場面における日常的現実に可能な限り当てはまらなくてはならないということである。提示されるグラウンデッド・セオリーの説明力が直接問われる点である。これは当然のことのように思われやすいが、実際にはなかなか達成できない。なぜなら、現実への適合性は、分析過程におけるデータと解釈の適合性（fitness）を内蔵しているからであり、しかも比較分析によりデータが適切な範囲まで確認されて、その結果、獲得されるレベルにあるからである。

理解しやすさ（understanding）とは、研究対象の領域に関心をもったり、その領域や場面に日常的にいる人々にとって、提示された理論は理解しやすいものでなくてはならないということである。どれだけ優れた理論であっても、それが広く理解されなければその研究者の自己満足に終わってしまう。その領域や場面に詳しい人々、実際に仕事で働いている人々などは経験的には膨大な知識をもっているし、調査で入った研究者の知りうることはそうした人々とは量的には比較にならないほど限られたものである。しかし、研究者は断片的知識の量において勝負するのではなく、説明力、すなわち、全体像が理解できるまとまった理論の提示によって、そうした人々が自らの経験的知識を意識的に確認できるように働きかけることができる。理解してもらうということは、基本的に、そうした知識の再編成のことである。

だから、ある領域なり場面についてグラウンデッド・セオリーを提示する研究者は、その現場にいる人々の目には、一時的に調査をしただけなのに現場のことをよく知っていると思われるようでなくてはならないし、同時に、現場にいる人々がすでに知っていることだけをただ羅列するのでもなく、彼らがそれまで気づかなかった新しい視点を提示しなくてはならない。それは同時に、研究としての評価におけるオリジナリティでもある点にこの研究法の独自性がある。

次に一般性（generality）であるが、これは、グラウンデッド・セオリーはテーマと対象に関して限定された範囲における説明力で勝負するわけだが、研究対象とされたところの日常的な状況は常に変化しているのであるから、提示された理論にはそうした多様性に対応できるだけの一般性が求められるということである。先に述べた概念や理論の捉え方が活きてくるのはひとつにはこの点であり、【応用者】はこの特性を介して自分のおかれた状況とグラウンデッド・セオリーとを関連させることができる。

最後のコントロール（control）とはその次につながり、実践的活用のために重要となる理論特性である。グラウンデッド・セオリーを理解した人々が具体的領域において自ら主体的に変化に対応したり、ときには必要な変化を引き起こしていけるように、社会的相互作用やその状況をコントロールできなくてはならないということである。先に触れた人間行動の予測に有効であるということと直接的に関係してくる。Fitness, understanding, generality の三つの特性は読者にまずグラウンデッド・セオリーをよりよく理解してもらうためのものであるが、control において読者は受動的な理解者から応用という能動的行為の主体へと移行する。そのために考慮すべき重要な条件を全体的に確認し、さまざまな相互作用参加者の反応を予測的に検討しつつ、論理的に判断し実際に行為するには、状況をある程度コントロールできなくてはならず、その際グラウンデッド・セオリーが案内図あるいは羅針盤の役割を果たすのである。

言うまでもなく、実践的活用への回路をもつということは一方向のことではなく、今度はそれを介して提示されたグラウンデッド・セオリーの修正へと向かう回路をも意味するのである。そして、両回路の接点に位置するのが、【応用者】その人となる。つまり、グラウンデッド・セオリーは単に適否が検証されるという意味で応用されるのではなく、応用は必然的に何らかの修正をもたらす。応用者による主体的な関与の余地が組み込まれていなくてはならないのであり、複雑な状況下での社会的相互作用において人間の行動が理解でき予測もできるためには、いかに分析が首尾よく行われたとしてもそれだけでは足りなくて、応用者自身の判断部分を前提にしているのである。この「余地」の意味を理解できないと、グラウンデッド・セオリー・アプローチにおける応用の意味は理解できない。分析結果の一般化の問題に対しては、この連鎖的展開過程によって対処するという立場になる。

最初の本である『The Discovery of Grounded Theory（データ対話型理論の発見）』では非常に明確に提示されていたのだが、この点はその後彼らによっても余り強調されなくなった。初期段階ではグレーザーとストラウスは研究者の役割とそれを応用する側の役割を明確に分けていて、前者は社会学者、後者は実務者（とくにナース）を想定し、両者を対等な関係と規定していた。当時は、理論生成は社会学者のみが可能としていたが、その後には実質的に撤回する。彼ら自身が看護学研究者を養成していったことと、同書は社会学に向けて批判的立場から発せられたという事情による。ともかく、応用する側は、自分の場の諸特性を熟知しているし、そこで現実に何が重要な問題であるかを判断できるので、必要な修正を施しながら提示されたグラウンデッド・セオリーを活用していけるであろうという前提的立場にたっていた。

修正版M-GTAは、理論生成と応用の役割を社会学者と実務者に二分する立場は取らないが、【応用者】重視の立場はオリジナル版から継承する。研究のあり方として研究結果の実践的活用を重視することと、この部分を組み込むことでグラウンデッド・セオリー・アプローチは研究方法として独自の検証方法をもてるからである。前著で詳しく論じたようにこれはこの研究法におけるプロセスの意味でもあるとともに、ここに研究方法としてのグラウンデッド・セオリー・アプローチの可能性がある。

第二章　修正版M-GTAと他のグラウンデッド・セオリー・アプローチ

第一節　グラウンデッド・セオリー・アプローチの分化

グラウンデッド・セオリー・アプローチは未だ完成された形になっておらず、おおむね四つのタイプに分化した状態にある。そのため現状では個別的な理解が必要である。学習者に負担を強いる面は否めないので残念なことではあるが、反面、基本的立場を共有しつつ主に分析方法で分かれているので比較検討による主体的な学習を促すということもできよう。タイプ別の比較は前著でも行なっているので、ここでは修正版M-GTAと他のタイプとの違いを中心に状況を整理しておきたい。

始めに、共通性について確認しておく。データに密着した分析から独自の理論を生成する質的研究法とするのが最大公約数となろう。加えて分析においては、コーディング方法としてのオープン・コーディングと（軸足・）選択的コーディング、基軸となる継続的比較分析、その機能面である理論的サンプリング、そして分析の終了を判断する基準としての理論的飽和化の5点は不可欠の条件である。これらが適切に行われていれば、グラウンデッド・セオリー・アプローチに則っていると判断できるからである。よって、この条件を満たしていて初めて、グラウンデッド・セオリー・アプローチと呼ぶことができると私は考えている。これらはグラウンデッド・セオリー・アプローチの分析特性としてこれまでに説明されてきたものだが、他の関連する部分と一緒に説明される傾向にあり、規定条件として示されたことはなかった。私は、この5点をもってこの研究法の不可欠の条件とすることを提案したい。

これは当然、論文や研究報告においてグラウンデッド・セオリー・アプローチを用いたと表明するための不可欠の条件としたらどうかという意味である。これら5点の実施方法についてはタイプ別に違いがあっても、これらを共通特性とすることに関しては異論はないであろうから、個々の研究ではどのように分析をおこなったか分析過程の説明を簡略にせよ記述が必要であり、求めに応じて分析作業の経過資料を提示する。修士論文や博士論文では付録として資料を添付する。したがって、単に、データに密着した分析を行なったという記述だけでは不十分であるし、一般的コーディングをいかに厳密にしたからといってそれだけでもグラウンデッド・セオリー・アプローチとは言えない、とする。

データの切片化を条件に含める立場もあるかもしれない。他のタイプではニュアンスの違いはあるものの切片化を採用している。しかし、修正版M-GTAは切片化を明確に否定し代替方法を提示している。修正版では作業の中心に分析ワークシートの作成をおくが、これも修正版だけであるので条件には加えていない。

ここでの目的はグラウンデッド・セオリー・アプローチのタイプ別の概要にあるので、時系列的に展開をまとめる。もっとも重要なのが一九六七年にグレーザーとストラウスが共著で刊行した『The Discovery of Grounded Theory（データ対話型理論の発見）』（Glaser & Strauss, 1967）である。これを、オリジナル版とする。すでに触れたように彼らは検証偏重となった当時の社会学研究を批判して、データ重視の理論生成の重要性を訴え、その方法を提案したのであった。この本は、したがって、明確に社会学を意識したものであって、彼らが提唱する質的な研究の意義を社会学の研究展開の文脈の中で議論しているところに特徴がある。グラウンデッド・セオリー・アプローチの基本となる考え、研究についての前提的立場などはだいたい論じられているのが、コーディングなどの具体的な分析方法は十分に明らかにされたわけではなかった。そのため、グレーザーとストラウスはその後、それぞれ単著の形で分析方法を明らかにしようとした。

これはグレーザーが先んじる形でまず一九七八年に『Theoretical Sensitivity』を刊行している。この本は『The Discovery of Grounded Theory（データ対話型理論の発見）』を補完するためと明示されており、事実グラウンデッド・セオリー・アプローチの考え方が非常に明確に論じられている。反面、コーディングについての説明は複雑になりすぎていて、その理解だけでも大変であり現実的には実行しにくい内容である。また、データを実際にどのようにコーディングしていくのかについて例示的に説明はしていない。一方ストラウスは『Qualitative Analysis for the

Social Scientists』を一九八四年に出版している。これはかなり大きい本であり、実際に分析指導の様子を詳細に取り上げて説明している。データの解釈をどのようにするかという点はていねいに述べられている。さながら実況中継をして、さらにその解説をするといった構成になっているのだが、コーディングを体系的にどのように進めていくかはわかりにくい。寸評としてはこんな感じであるが、それぞれに持ち味を感じさせる内容でありここまではオリジナル版を補完するものとして理解できる展開であった。

ところが、一九九〇年代初めにグレーザーとストラウスが対立するという事態が起きる。その契機となったのは一九九〇年にストラウスとコービンの共著で刊行された『Basics of Qualitative Research: Grounded Theory Procedures and Technique（質的研究の基礎）』で、便宜的にこれをストラウス・コービン版と呼ぶ。

この本に対してグレーザーが猛烈に反発し一九九二年に対抗出版した『Basics of Grounded Theory Analysis: Emergence vs. Forcing』と、『Theoretical Sensitivity』を合わせて、グレーザー版と呼ぶことにする。後者を含めるのは、この著作において彼の考えがもっとも明瞭に表現されているからである。加えて、下記のように一九九二年の著作だけで彼を代表させるには種々、無理があるからである。

そこで私たちが理解しておかなくてはならないのは、共同開発者であったグレーザーとストラウスが何故、何をめぐって修復不能なまでに対立したのかという問題と、第三番目の人間として登場したコービンの参加がそこにどのような影響を及ぼしているのかという問題である。すでに前著でこれらの点については私の解釈を論じてあるので、ここでは以下の指摘にとどめる。一般に、ものの見方、認識論にあたる部分は研究者によってだいたい固まっているものなのであり、——通常、大学院時代にその基盤を形成する——、グレーザーとストラウスに関してはそれぞれ、数量的研究で知られたコロンビア大学社会学部と徹底したフィールド調査の伝統をもつシカゴ大学社会学部で大学院の訓練を受けているから理解しやすい。そもそも、こうした対照的な訓練を受けた二人が問題意識を共有したところからグラウンデッド・セオリー・アプローチは始まっている。ところが、ストラウス・コービンの著作を読んだ限りでは、記述内容の基本にあるはずの認識論的な立場がいまひとつよくわからないという印象を受ける。つまり、本来、ぶれることはないだろうと思うところがぶれているようにみえるのは、一体なぜだろうという疑問である。それはまたグレーザーが、なぜ感情むき出しの形で対抗本を出したのかという疑問とも関係していると思われる。実際のところグレーザーのこの著作は読むとわかるが、彼の名誉のためにはもう少し時間をおいて感情的部分をおさえてから出版した方がよかったと思える記述が多い。しかし、そうであるにもかかわらずなぜ彼はそうした対抗本を出したのか、出さざるを得ないと判断したのかを考えると、彼にとってみればグラウンデッド・セオリー・アプローチの本質的部分が変質させられてしまう危機感があったのではないかと推察されるのである。

グレーザーの主張は、グラウンデッド・セオリー・アプローチの特徴はデータに密着した分析から概念やカテゴリーが「emergent 浮上（一定の論理的必然性をもって浮上してくる）」してくるのに対して、ストラウス・コービン版の方法はあらかじめ設定した解釈枠組にデータを無理に合わせようとするものであり（「forcing」）、しかもそれをグラウンデッド・セオリー・アプローチであると誤って伝えている、というものであった。したがって、グレーザーからみた対立軸は「emergent vs. forcing」とされたが、かといって彼は具体的な分析方法のレベルでの対立点を明らかにしているというわけでもない。ストラウス・コービンの著作は、私の印象でも、いかに初学者用に優しく書かれたとはいえ内容面で単純化や断定的な記述が少なくないし、分析手順を模式的に扱いすぎている。おそらく、分析の仕方それ自体もさることながら、それを行なう人間の認識論的な立場や一貫性のぶれに対して、グレーザーは反応したと考えられる。彼にすれば、それをもってグラウンデッド・セオリー・アプローチであると説明され、理解されていくことに考案者として危機感を抱いたからであり、対抗本の形で緊急対応せざるを得なかったのである。

ここで重要なのは、私たちとしては単なる対立問題として理解するのではなく、こうした展開から何が読み取れるかを考えなくてはならないということである。私は、次のように解釈している。すなわち、ストラウス・コービン版だけでなく、グレーザー版も、コーディングの方法に関して言わば道具を用意はしてもその手順を体系化しきっていなかったということ、そのためどのように使って分析を進めるかを十分に説明していなかった。しかも、この点に関してはオリジナル版も同じであった。その空洞部分は実際にデータに向かい合う人間がそれぞれに判断して使用すべきとされていたが、この方法を用いて研究する人たちにとってもその部分こそが理解しにくいところであっただけでなく、実はグレーザーとストラウス・コービンの間においてもずれがあったということであろう。道具は提供されても使い手によって使われ方に違いが生じてしまうという問題である。一例だけを挙げても、ストラウス・コービン版における「条件マトリックス」(p. 170) なるものや「コーディング・パラダイム」(p. 101-110) と、グレーザーの18項目からなる「コーディング系 (coding families)」(p. 74-82) を比べるとわかりやすいように、道具の精度の違いは両者の間にあるが、どちらであっても使い方如何で「emergent」にもなれば「forcing」にもなるのである。この点が問題なのであって、グレーザー版は認識論と論理的明確さにおいて「emergent」な展開が担保されると考えられるのに対して、ストラウス・コービン版はそうした軸に当たる部分がぶれているので、その結果、道具が一人歩きをしてしまい、道具にデータを当てはめることになる（「forcing」）ということであろう。修正版 M-GTA はどちらとも違う、独自の解決方法を提案している。

詳細は第二部に譲るとしてここで確認しておきたいのは、いずれにしてもストラウス・コービンとグレーザーの間で抜き差しならない対立が起きてしまい、どちらが本物かという正統性をめぐる混乱状況となり、その後ストラウスが死去したこともあって修復不能な事態になっている。グラウンデッド・セオリー・アプローチにとってはなんとも不幸な展開ではあるが、私自身はこうした状況が起きたことによって、当初からモヤモヤとしていた部分がみえてきて、みえてきたことによってオリジナル版に立ち返りその善さを継承し、方法としての課題点を解決し、実践しやすいように改良できないものかと考えるようになった。

なお、ストラウスの一九八四年の単著をもって単独ストラウス版とみることもできなくはないが、先に述べたようにこの著作まではオリジナル版を補完するという位置づけができることと、タイプに分化する契機が一九九〇年のストラウス・コービンの著作であったこと、さらにはストラウスの立場はストラウス・コービン版に反映されているとストラウス自身が表明しているので、敢えてストラウス版として独立させて扱う必要はないと考えられる。したがって、本書ではオリジナル版、グレーザー版、ストラウス・コービン版、そして、修正版M-GTAの4タイプに分けて、本書の目的である修正版の説明を中心に進めることにする。

第二節　修正版M-GTAの概要

前著において、私は修正版を次のように説明していた。

私が提案したい分析方法は、〝修正ストラウス・グレーザー版グラウンデッド・セオリー・アプローチ〟と呼んでもよいであろう。あるいは単に〝修正版〟でもよかろう。詳しくはこの後述べていくが、文献としては『データ対話型理論の発見』、『Theoretical Sensitivity:

> Advances in the Methodology of Grounded Theory』(Glaser, 1978)、『Qualitative Analysis For Social Scientists』(Strauss, 1987) の三冊に基づき、それに私なりの解釈と分析法の提案を含めたものである。なぜグレーザーよりもストラウスを重視するかというと、ストラウスの提唱する分析方式の方がグレーザーのそれよりも現時点においてはグラウンデッド・セオリー的であると考えるからである。一方、グレーザーについては論理的明快さと一貫性において私は彼を非常に高く評価するのだが、分析方法の徹底したラジカルさには無理があると判断するからである。グレーザーとストラウスが対立するようになったのは残念ではあるが、私なりに総合的に検討した結果、やはりこの研究法は彼ら二人の貢献部分から成っているという認識に至ったからであり、それに加えて、新たに追加すべき部分が明らかになったので、全体として〝修正ストラウス・グレーザー版グラウンデッド・セオリー・アプローチ〟としてまとめようと思うのである。(木下、1999, 216-217)

また、グレーザー、ストラウスらの対立という事態だけでなく、彼らの著作が共に研究方法として複雑になりすぎていると判断するので、このアプローチのエッセンスに絞ってまとめることで、学習者が理解しやすいように試みた。とりわけ、グレーザーの反発という形で顕在化した彼らの対立が、みてきたように、対立点そのものを具体的にみていくと必ずしもグレーザーが反応しているほどの違いがあるとも思えず、むしろコービンの関与と役割に対してではないかと考えられる面もある。そこでオリジナル版の特性を確認、復活させ、同時に、そこで未完成のまま課題になっていた部分を独自に解決することにした。

以上を踏まえ、その後に検討を重ねてきた修正版M-GTAの技法を本書において具体的に提示していくのであるが、修正版の主要特性として次の7項目を挙げておきたい。

(1)　第一章で提示した、グラウンデッド・セオリーの理論特性5項目と内容特性4項目を満たすこと。

(2)　データの切片化をしない。それに代わるデータの分析法を、独自のコーディング方法と【研究する人間】の視点とを組み合わせることで、手順として明示している。ここで若干補足すると、オリジナル版、グレーザー版、ストラウス・コービン版はともにデータの切片化を分析の要においたコーディングを説いている。しかし、オリジナル版はその実際を明示していない。グレーザー版は、理論的説明は明快だが、実際にデータをどのようにコーディングするのかを示してはいない。ストラウス・コービン版はストラウスにより解釈の重要性は強調されているが、切片化の方法論上の意味が踏まえられているとは思えない。

(3)　データの範囲、分析テーマの設定、理論的飽和化の判断において方法論的限定を行なうことで、分析過程を制御する。

(4)　データに密着した（grounded on data）分析をするためのコーディング法を独自に開発した。

概念を分析の最小単位とし、グレーザー的特性である作業としての厳密なコーディングとストラウス的特性である深い解釈を同時成立させるために、分析ワークシートを作成して分析を進める。

(5)【研究する人間】の視点を重視する。

(6) 面接型調査に有効に活用できる。

(7) 解釈の多重的同時並行性を特徴とする。分析作業を段階分けせずに、例えば、データの解釈から概念を生成するときに、類似例や対極例を検討するだけでなく、同時に、その概念と関係するであろう未生成の他の概念をも検討する。推測的、包括的思考の同時並行により理論的サンプリングと継続的比較分析を実行しやすくしている。

言うまでもないが、分析において一番重要なのはデータとの最初の接点である。例えば、面接記録がデータとしてあるとき、どこから、どのように分析したらよいのかという問題である。これをコーディングと呼ぶのだが、この一点に絞ってみていくとそれぞれの分析法の特徴が理解しやすい。質的研究法の場合には、とくにそうである。同時に、コーディング方法は単に技術的なものだけではなく、認識論を含め研究方法が凝縮されて形となったものでもあるから、異なった方法を組み合わせて用いることには注意を要する。端的に言えば、最初はどれか一つに徹して分析を行なう方が安全である。

修正版M-GTAのコーディング法は、オリジナル版とも、グレーザー版、ストラウス・コービン版とも異なる。したがって、本書で説明するコーディング法はそれ自体で理解してもらいたい。その上で、自分の納得いく方法を選択することである。

第三章　質的研究への関心の多様性

第一節　質的研究の今日的可能性

質的研究（qualitative research）とその方法についての関心が、近年さまざまな領域で高まりをみせてきている。この動きは質的研究法とされるものの多くが蓄積されてきた社会学の中から始まったというよりも、看護・保健、医療、作業療法、ソーシャルワーク、介護、臨床心理、教育など専門的に対人援助にかかわる実践領域を中心に活発に展開している点に特徴がある。また、近年、領域横断的な現象として学部学生や大学院生がフィールドワークのような質的研究法に関心を示すようになったことも注目されるところである。当初看護領域で始まった質的研究の流れがこれらの領域に広がり、その影響は社会学における質的研究への関心を新たに喚起しながら、全体としてひとつのうねりとなりつつあるようにも思える。ただ、それが研究のあり方として確固としたものになっていくのか、それとも単なるブームで終わるのかは現段階では判断が困難であり、今後どのような質的研究が行なわれていくかにかかっている。

本書の主題である修正版グラウンデッド・セオリー・アプローチ（M-GTA）も、それに先行して提唱されてきた他のタイプのグラウンデッド・セオリー・アプローチも共に質的研究法と言えるのだが、翻って、質的研究とは何か、質的研究法とは何か、と問われると答えはそれほど簡単ではないことに気づく。この章では、この問題について考える。

質的研究という言うとき、発言者の間でその意味するところが一致しているかというと現状ではそうではないとみるべきだろう。質的研究法という表現もあいまいで、これは総称であってそういう研究方法があるわけではない。したがって、実際に質的研究を行おうと思えば、個別的な方法を具体的に学び理解しなくてはならない。最近の質的研究への関心には実は多様な立場と具体的方法が含まれるため、そのあいまいさ、あるいは、まぎらわしさを片付けておかないと、個別の研究法の議論に入れないのである。

例えば、質的研究は科学的ではない、客観的な分析でない、その結果も恣意的解釈の可能性があり信頼できない、といった質的研究に対する批判的立場は根強くある。こうした批判をもっともだと受け止めるのであれば、つまり、批判者と同じ認識論的立場にたつのであれば、できるだけ科学的で、客観的で、信頼できる質的研究を行なう必要があると考え、その方法を考えるだろう。この場合、質的であるか否かよりも研究自体が如何にあるべきかという考え方は両者で共有されていることになる。科学的であること、客観的であること、恣意的でなく信頼できること、これらは当然の前提とされ、これらがそれぞれ何であるかは問いとはならず検討の対象にはならない。

対照的に、人間をめぐる現象の理解を重視する質的研究の立場もある。理解のために何かを測定したり検証したりするのではなく、解釈による意味の探索を重視する。そのアプローチにもいろいろなものがあり、例えば、エスノグラフィックなフィールドワークであれば研究者自身が調査フィールドに入り、調査対象者の視点を自分の中に取り入れることで、そこで日常的に起きていることの意味を理解しようとする。社会学におけるこうした研究の系譜については後述するが、ここで強調しておきたいのは現在、質的研究法とされているものの多くは解釈を重視する側に位置するということ、そして、それらは個別には独自の理論的基盤と形成の系譜をもっているためわざわざ自らを質的研究、質的研究法と呼ぶ必要はないということである。質的研究としてカテゴライズする見方は最近の関心のあり方として特徴的なのである。

換言すると、社会学の中から見た場合と、それ以外の領域における近年の質的研究への関心との間にずれがあるということである。しかも、用語上もまぎらわしさがあり、社会学においても質的研究という呼称は従来からあるが、それは社会調査（アンケート型調査）の一部としての非常に限定的な位置づけである。したがって、注意が必要なのは社会学以外から社会学で培われてきた特定の質的研究法を理解しようとするとき、研究についての自分の考え方、認識論を意識的に確認し、その上で個別の研究法をそれ自体として、つまり、質的研究法としてではなくそれ自体を学習すると考えた方がよいということである。なぜなら、上記のように質的研究法とされているものは個別的に独自の理論的基盤と形成過程をもっているから、具体的な調査分析方法としてだけ理解するのは不可能だからである。

社会学において数量（定量）的研究と質（定性）的研究をめぐる議論がなかったわけではむろんなく、間断的ではあるがその系譜は古い。実証的研究のあり方をめぐっての議論として行なわれてきているので、認識論を巻き込むからそもそも決着が付く問題ではない。その意味では、あまり生産的ではないようにもみえるが、議論自体に意義があると考えるべきであろう。あるいは、この議論が質的研究一般の視点から質的研究について論じられるというよりは、個別の質的研究の存在を認知させることを念頭に質的研究を論ずるという面もあったように思われる。例えば、ライフヒストリーについての議論にはそうした側面がある。現在の質的研究それ自体への関心とは異なり、逆方向からの議論でもあった。

いずれにせよ、この問題に関しては現状では社会学的了解とでも言うか〝共存・棲み分け〟となっている。社会学におけるこの問題は国により、また、時代により振幅があるのだが、近年の日本の傾向としては解釈重視の立場――意味学派と総称されることもある――が若い研究者世代を中心に支持されるようになってきた。数量的研究を含め実証的研究への批判、文字化されたデータ（テキスト）への根本的懐疑などから、会話内容よりもそこでの様式の分析を重視するエスノメソドロジーや、より最近では語り（narrative）を中心におくアプローチが関心を集めている。

ここで指摘したいのは、質的研究への関心が多領域で高まることにより議論の場が、社会学内での〝共存・棲み分け〟から、多くの研究領域が参加できるオープン・フィールドに移行するという新しい状況が出現しつつあるのではないかということである。この状況はむろん質的研究をめぐるあいまいさ、まぎらわしさ、混乱の元でもあるが、同時に、社会学を巻き込んで研究についてあらゆる論点をもオープンにするので大きなチャンスでもある。研究者の認識論をも議論の対象にできるので、社会的活動としての研究を考える上では戦略的状況である。質的研究への関心の高まりにより、この議論の場をどのように作っていくのかが重要な現実的課題となっている。

質的研究の今日的可能性は実はこのオープンさにあるのであり、活発な議論が要請されているのである。想像をたくましくすれば、一九六〇年代にグラウンデッド・セオリー・アプローチを考案したグレーザーとストラウスが期待した状況が今現実になりつつあるようにも思えるのである。彼らは社会学の枠組の中からではあったが、社会学と実践を含めた他の領域との有機的な相互関係を志向することで理念的にも、研究戦略としても、検証偏重の社会学研究をデータ重視の理論生成の方向に転換しようとした。数量的研究法の訓練を受けたグレーザーとフィールドワークとシンボリック相互作用論の訓練を受けたストラウスの二人が、共同することで、少なくとも彼らは〝共存・棲み分け〟の世界を超えて踏み出したことは確かである。前著で触れたようにそこには未完の部分が少なからず残されたのであるが、一歩踏み出したことは学説史的にも高く評価されるべきである。本書で述べる修正版 M-GTA は彼らの根底にあった問題意識を継承しつつ、課題であった分析法に独自の提案を盛り込んだものである。

したがって、修正版M-GTAを理解すれば、質的研究をめぐる現在のあいまいな状況も理解しやすくなる。しかも、これは修正版だからというのではなく、個別的な質的研究法を理解する場合も同じである。なぜなら、問題がオープン化された以上、質的研究についての自分自身の立場設定と分離して特定の研究法を選択することはできないからである。一方の極には「科学的、客観的」質的研究を主張する立場があり、対極には、文字化されたデータにすら懐疑的な立場があるという状況で、私たちは自らの立場設定が問われている。そして、その点を抜きには質的研究法を自分に引き寄せられない。グラウンデッド・セオリー・アプローチのユニークな点は、データに密着した実証的研究であり、かつ、説明力に優れた理論生成の質的研究方法として提示されたから、当初からここで述べている問題をも提起してきたところにある。

第二節　質的研究を議論する枠組

ここまでの考察から、質的研究の理解において議論が混線しないよう注意が必要であることは明らかになったであろう。実際のところ、質的研究への関心の向けられ方をみていると一様ではなく、そのことが混乱のもとになりかねないにもかかわらず明確に議論されていないからである。それぞれが、自分の立場から質的研究について関心を示しているのだが、よってたつ土台、つまり、認識論が異なっている場合があるにもかかわらずその点がはっきりと認識も議論もされていないために、最初からボタンの掛け違えのようなズレがあるのにそれに気づかずに相手も自分と同じものを見ていると相互に錯覚する危険がある。そして、こうした状況に、自分の研究的立場を確立していない大学院生や実務者が研究目的で入ってくると乱気流に巻き込まれるようなことになりかねない。

私は前著でグラウンデッド・セオリー・アプローチをめぐる理解の混乱状況を整理するために4つのレベルに分けて論じた（木下、1999, 17-23）。すなわち、研究の在り方としてのグラウンデッド・セオリー・アプローチ、研究方法論としてグラウンデッド・セオリー・アプローチ、具体的研究技法としてのグラウンデッド・セオリー・アプローチ、そして、思考特性としてのグラウンデッド・セオリー的思考法であるが、これらはレベルが異なるだけでなく相互には入れ子の関係にある。最後のグラウンデッド・セオリー思考法は比較分析の考え方を日常的に習慣化することを指したものであるからここでは除いた方が論点が明確になるが、最初の3レベルは質的研究の議論を混線させないために有効である。このレベル区分はグラウンデッド・セオリー・アプローチの理解のために導入したものではあるが、そのまま現在の質的研究をめぐる状況にも有効だからである。グラウンデッド・セオリー・アプローチはグレーザーとストラウスにより一貫して質的研究法として提示されてきたし、一時期、質的研究法と言えばグラウンデッド・セオリー・アプローチであるかのように受け止められたときもある。また前著で詳しく論じたように、対照的な研究法の訓練を受けたグレーザーとストラウスによって考案されたこの研究アプローチ自体に内在する特性がこうした最大幅の議論を可能とすると共に混乱のもとでもあったという経緯による。私たちは各々のレベルで自分の立場を選択する必要があるし、他の人の立場を理解するときにもこれらのレベルに分けて考えるとわかりやすい。

したがって、研究のあり方としての質的研究、研究方法論としての質的研究、具体的研究技法としての質的研究という区分になる。むろん、これは質的研究の場合だけでなく数量的研究についても同様であるし、とくに質的研究に対する批判を理解するときに有効である。研究方法論と具体的研究技法の関係は通常取り上げられるのに対して、研究のあり方に関しての議論は素通りになることが多い。しかし、このレベルがもっとも重要であることに関しては、異論はないはずである。なぜなら、社会的活動としての研究を、どのように考えるかがここで問われるからである。研究が当然のごとく「するもの」あるいは人によっては「しなくてはならないもの」になっていると、研究を「する」ことはすでに前提に組み込まれるから、意識的、反省的検討の対象とはならず、「いかに行うか」に関心が集中してしまうことになる。

社会的活動としての研究を考えるとは、簡単に言えば、研究の行なわれる世界とそれ以外の社会的世界との「関係」を考えることである。研究活動とは新たな知識を生み出すことであるという立場にたつとしても、その知識は社会的に何らかの意味と価値をもつことになる。ニュートラルな知識は存在しない。真理の名目のために研究者自身が抽象化されてしまい、その人が負っている社会的脈絡が無化されることは不可能であるからである。これがもっとも明白であるのが、言うまでもなく質的研究の場合である。この問題は、研究結果を誰に対して発表するのかと考えても良い。私は分析方法に評価的比重がかかりすぎている研究評価の現状に対して、それぞれの研究がたてた問い（何を明らかにしようとしたのか）と結果（何が明らかになったのか）も評価の対象として同列におくことでバランスをとる必要があるという立場だが、質的研究に要請されている大きな役割はこの点にあると言える。実践とのつながりの強いヒューマンサービス領域における質的研究は、もっともその可能性があることになる。しかも、これは単に質的研究の確立のためであるにとどまらず、現在、研究活動全般に対しても当てはまるであろう。

研究方法論のレベルは認識論についてであり、現実を理解すること、あるいは、わかるという経験のよりどころの問題である。この点は章を分けて論ずる。すでにみたように、質的研究を標榜していても自然科学的な認識論に立脚した研究もあるし、それとは対極的立場に基づく研究もあり、共に質的研究であるとしている場合をここでは確認しておこう。このレベルをきちんとおさえないと、質的研究をめぐる議論は大きく混乱する。研究方法論は当然その研究者が採用する具体的な研究技法と密接な関係にあるから、認識論的立場がはっきり提示されていなくても、具体的な研究技法やそこでのデータの収集法や分析法を注意深くみればわかるものである。

次に、具体的研究技法のレベルになると視点切り替えが必要になる。質的研究という包括的な言い方はできないから、ここでは個別の質的研究法が選択されることになる。つまり、総称としての質的研究では不十分となる。フィールドワーク、参与観察、半構造的面接法などが調査法、データ収集の方法として挙げられるし、結果の表現方法ではエスノグラフィーや事例研究、あるいは、ライフヒストリーなどがあり、さらに独自の理論的基盤に基づく解釈の様式をもつものとしてシンボリック相互作用論、現象学的社会学、構築主義、エスノメソドロジーなどがある。むろん、グラウンデッド・セオリー・アプローチもひとつの質的研究法である。したがって、質的研究法を学ぼうとする人はいずれにしても、データ収集法、結果の提示方法、分析や解釈の理論的基盤などの中から個別的に、あるいは、セットになっている場合にはセットで、具体的に学ぶことになるのである。

例えば、フィールドワークをしてエスノグラフィーを書こうとする人はフィールド調査の仕方だけでなくデータや資料の解釈の仕方や結果の書き方などを学ぶ。優れたエスノグラフィーを、できるだけたくさん読むであろう。ライフヒストリーでまとめるつもりであれば、誰を対象に、どのように面接し、本人の語りを主にするのか研究者の解釈を中心にするのかを決めなくてはならないし、これは他の方法も同じだが研究法の強みと弱点をも理解しておく必要がある。つまり、個々の質的研究法を学ぶということは〝単品〟料理なのであって、質的研究法という〝寄せ鍋〟料理はない。しかも、単品であっても奥が深い。それをだれでもいくつかを理解していくことになるし、その過程で自分にとってもっともしっくりする方法、リアリティ感がもてる方法を身につけていく。それなりに時間と経験をともなうから、速成というわけにはいかない。

にもかかわらず最近の質的研究への関心の高まりの中で、研究のあり方や研究方法論のレベルを飛ばして、いきなり具体的研究技法のレベルに入り、しかも寄せ鍋的に質的研究を理解しようとする傾向がみられるので、この点を強調しておきたい。できれば、学部や大学院の前期・修士課程で数量的研究法も含めて研究法について一通り学び基礎的知識を得ておくことが望ましいし、実務者向けにも研究方法論が体系的に学習できるプログラムの提供が望まれる。

第三節　質的研究の解説書の傾向

以上述べたように、質的研究一般について論ずることと個別的な質的研究方法について論ずることの間にはちょっとしたねじれがあり、注意を要するということになる。前者は主に数量的研究との対比において、研究のあり方や研究方法論のレベルで議論されるべきであり、後者は実際のデータの扱いに関わるのでその技法と共に、今度は個別的にその技法を支える研究方法論と研究のあり方への立場をも理解する必要がある。

ところが、質的研究を説明する著作類が、単品と寄せ鍋の違い、あるいは、上記のねじれについてはっきり説明していないので、両方の学習が必要であることが学習者にわかりにくくなっているように思われる。中には、寄せ鍋的構成のものもある。この問題は質的研究法に関してのひとつの論点になってよいと思うが、本書は修正版M-GTAを単品として説明している。これまではともかく、質的研究への関心が多くの領域で高まってきたことによって新たな課題として浮上してきたとも言えるのである。

グラウンデッド・セオリー・アプローチに関する著作類でみても、比重の置き方は一様ではない。オリジナル版の原タイトルは『The Discovery of Grounded Theory』で、副題として「質的研究のための諸戦略（Strategies for Qualitative Research）」が付いている。その後、ストラウスの単著（1987）は『社会科学研究者のための質的分析（Qualitative Analysis for the Social Scientists）』と題されており、彼とコービンの共著（1990）は主題と副題との組み合わせで『質的研究の基礎（Basics of Qualitative Research）――グラウンデッド・セオリーの手順と技法（Grounded Theory Procedures and Techniques）』とされている。一方、グレーザーの著作は『Theoretical Sensitivity: advances in the Methodology of Grounded Theory』（1978）と対抗本である『Basics of Grounded Theory Analysis』（1992）と題されていて、どちらにも質的研究という表現はない。拙著は『グラウンデッド・セオリー・アプローチ――質的実証研究の再生』（木下、1999）としたし、この本は『グラウンデッド・セオリー・アプローチの実践――質的研究への誘い』と命名した。また、最近刊行された山本らの著作は著者たちの研究経験を詳細に述べた内容で構成されており、『グラウンデッド・セオリー法を用いた看護研究のプロセス』（山本他、2002）と題されている。

こうして並べると、オリジナル版――グレーザー版――修正版、そして山本らでは単品としてのグラウンデッド・セオリー・アプローチに比重がおかれているのとは対照的に、ストラウス、ストラウス・コービンの著作では内容はグラウンデッド・セオリー・アプローチの説明になっているがタイトルには質的分析、質的研究がおかれていて、こちらにニュアンスがおかれているようにみえる。こうした表記の仕方が質的研究とグラウンデッド・セオリー・アプローチを同一視する誤解の一因になったとも考えられるが、それは現時点で言えることであり、質的研究がそれほど注目されなかったときにはこの方がむしろ戦略的であったと解釈すべきである。したがって、今後は質的研究に関して〝単品〟型であるのか〝寄せ鍋〟型であるのかをはっきりさせて議論していった方が学習者にはわかりやすい。

質的研究に関する著作は翻訳（例えば、フリック、2002）を含め日本でも増えてきているが、英語での関連著作の出版は近年際立って多くなっている。最近のテキスト類をみると、やはり「質的研究（qualitative research）・質的探求（qualitative inquiry）・質的分析（qualitative analysis）」といったタイトルのものが多い（例えば、Silverman, 2000; Silverman, 2000; Denzin and Lincoln, 1998; Coffey and Atkinson, 1996）。ここでは個別に立ち入って検討することはしないが、共通する傾向としては共著のものが多く、さまざまな研究法の紹介や実際の研究の進め方など寄せ鍋的な内容構成となっている。むろんこれらは「入門書」「実践用ハンドブック」と自己規定しているのでこうした傾向は当然と言えば当然である。私が言いたいのは入門からいきなり実戦に進むのは無理があるということ、むしろそこから個別の研究法をいくつか学習し、自分にとってもっともリアリティ感をもって行える方法を選択していく学習プロセスがあるということである。博士論文の場合にはいきなり本番ではなく、研究方法論に関して一章分かそれに近い分量で批判的論考をし、自分の採用する特定の研究法を位置づけておくなど、それまでに準備的な研究経験をしていることが望まれよう。

第四章　数量的研究と質的研究の違い

ここで質的研究を定義しておこう。数量的研究との対比となるが、質的研究とは何かという問題は思われているほど単純ではない。

まず、社会学における位置づけ方に関して次の2点をおさえておこう。第一に、質的研究――この文脈では、質的調査という呼称になることが多いが――は、もともと社会学ではもっとも標準的な調査方法である社会調査の一部として位置づけられてきた。社会調査は世論調査として発展してきた方法で、調査票を用いてサンプリングにより抽出した対象者に回答してもらうものである。アンケート（フランス語）とも呼ばれる。比較的規模の大きい調査であり配布と回収を郵送で行なうことが多く、分析は統計的に行なわれるので数量的研究法である。調査員が訪問面接することもある。質的調査はその呼称と共にまず社会調査の中で用いられるようになったのだが、その位置づけはまだ十分研究がなされていない社会現象に関しては調査票を作成し規模の大きな調査をするには無理がある場合、まず探索的、問題発掘的な調査として面接や観察をし、仮説形成かそれに近いところまでの作業を行ない、その成果を踏まえて調査票の作成へと発展させていくというものである。この意味での質的研究は、数量的調査に準拠点をおいた従属的規定となる。

第二に、社会学における研究のあり方として数量的研究と質的研究が対比的、ときに択一的な観点から論じられてきた経緯がある。これについてはすでに言及したように、結局は〝共存・棲み分け〟でバランスをとってきたと言えよう。

むしろここで論じておきたいのは、近年のさまざまな領域における質的研究への関心についてである。それは社会学からの問いかけによって始まったと言うよりも各領域における切実な現実背景のなかから提起されているのであり、その動きが社会学における質的研究の議論を活性化していくという関係で捉えられる。すなわち、高度な数量的分析法が駆使されても、その結果が現実の問題や現象を説明するには不十分であるという限界認識が、質的研究への関心につながっている。また、多変量解析を行なってもそうした分析法では、錯綜する社会的現実の中におかれた人間の抱える複雑さ、あるいは、生き生きとした何かがあるはずであるのに捉え切れないというリアリティ感の乏しさが実感されてきたからであろう。ここで重要なのは、プラグマティカルであれ研究結果の有効性を問う、あるいは有効性が問われる視点と質的研究への関心の連結であり、また、人間理解における数量的研究法の限界が明確に認識されていることである。つまり、批判的視点がそこにはある。そこから、新しい可能性として質的研究が捉えられ、現実の問題解決課題を持っている多くの領域、人間をトータルに理解の対象とする領域、つまり、ヒューマンサービス領域において質的研究への関心が非常に活発になってきたと考えられる。期待としての質的研究とでも言うべき状態であり、まだ内実でそれに応える前の関心の示され方である。

ただ、そこに質的研究の理解を混乱させている要因もあるのではないか。先の議論枠組を用いると、批判的視点が研究方法論、つまり、認識論のレベルでの問い直しまで及ばない場合には、自然科学的認識論をそのまま前提とした上で、個別の質的研究法において課題を克服しようとすることになるからである。こうしたアプローチを象徴するのが「科学的質的研究」、「客観的質的研究」といった表現であり、質的研究であっても例えば再現性やコード者間の信頼性、統計学上の妥当性や信頼性などの考え方をそのまま導入する立場である。

一種のこうした〝横滑り〟的な質的研究への関心がみられる背景として、多変量を扱える分析法が高度化してきたことにより、人間の行動や関係、意識などに関する複雑な問題も数量的研究によりアプローチできるようになってきたことがあるように思われる。先の話と矛盾するようにみえるかもしれないが、質的研究でなくては研究できない問題は「ない」という立場もありうるわけで、それと科学的質的研究の立場とは科学的認識論を共有しているから、結局のところ紙一重の違いしかなくなった。

数量的研究と質的研究の境目はかつてのようにはっきりとしなくなってきている現状では、前者が数量的データを用いて統計的分析を行い、後者は質的データ、すなわち、非数量的・言語的データを解釈し記述的分析を行なうという規定では十分ではなくなっている。質的データを使えば質的研究であるとは単純に言えなくなった。どういうことかというと、質的データであってもコーディングの仕方と分析方法によってどちらでもありうるからである。もともとコーディングとは質問票調査で自由回答設問への答えを回収後に内容を見て分類区分（コード）を設け、それにそって仕分けし数量的データに置き換える作業のことである。選択肢から回答を選ばせる場合は、あらかじめコード化されているのでプリコード（pre-code）と呼ばれる。つまり、質的データを従来の方式でコーディングし数量的分析を行なうこともあれば、コーディングはするのだが数量的データに変換するのではなく意味の解釈を行い、解釈した複数の人間の間の一致度を統計的基準で判定する場合もあろう。この場合、一致度を挙げようとすれば解釈が浅くなり前者のタイプに近づいていくのだが、その一方で分析法としては、研究者の位置づけは数量的研究に近い意味で客観的で信頼性のある質的研究となる。

では、質的研究とは一体何か。データの形態と特性、収集方法、分析方法の3点から考えてみよう。データの形態は基本的に非数量的・言語的である。これには図や映像なども当然含まれる。次のデータの特性を私は重視するのだが、質的研究が用いるデータとは単に質的形態のデータということだけではなくディテールの豊富なデータであること、詳細なデータであることに最大の特徴があるのである。収集方法は面接と観察（フィールドワーク）が主となる。そして、それらを数量化して分析するのではなく、コーディングの作業をするのではあるが、研究者の解釈により分析することと規定する。さらに、コーディングの仕方如何によって、私は生産的だとは思わないが自然科学的認識論に基づく質的研究の立場と、解釈的質的研究とに大別できよう。一応、こうした組み合わせで、考えることはできるだろう。

ただ、私は質的研究を定義することは必ずしも必要ではないと思っている。そのこと自体は、それほど重要ではないからである。むしろ、数量的研究の限界を明確化することの方が重要であり、そこをおさえておけば十分である。

その上で、となるが、質的研究に不可欠の要素としてこれだけはというものを挙げるとすれば、やはりデータのもつディテールの豊富さとそれを活かした分析であるというのが私の考えである。データに関しては前著でもかなり踏み込んで論じてあるし、また、本書第二部でもデータについて詳しく説明しているので、ここでの議論に関連する部分に絞って述べる。データとは現実を反映したものであるが、この置き換えは本質的に不完全なものである。この認識が第一である。しかし、データ化しないことには現実が理解できないわけでもあるから、どのように置き換えられているかについて慎重でなくてはならない。例えば、質問票調査であれば、回答者は調査票の構成枠組に合わせなくてはならないから当然負担を強いることになる。選択肢から選ぶ設問では回答するためにはどれか近いものを選ばなくてはならないし、自由回答設問では自分で文章を書かなくてはならない。つまり、調査する側によって、現実は一定の形に置き換えられるようあらかじめ設定されている。どのような高度な解析法であれ、その分析方法だけに目を奪われるのではなくもとになったデータが現実をどのように反映したものであるかをみれば、そこにギャップのあることは容易に理解できる。この理解が重要である。

一方、質的データ、とりわけディテールの豊富なデータとは、現実をデータに置き換えるときに調査者側の枠組を強要するのではなく、回答する人が制約の少ない方法で表現できることによって得られるものである。比較的緩やかな構成の面接方法が有効なのは、そのためである。言うまでもなく、それぞれに一長一短がある話であり択一的な問題ではない。それは実際の調査の際に判断されるべきことであり、ここでの対比は質的データの特性を理解するためである。

次に、ディテールの豊富なデータといっても実際にはどの程度なのか判断しにくいし、何でも詳細であればよいという意味でもない。ただ、この点はあまり気にしなくてもよいのであって、面接ではインタビュー・ガイドか大まかな質問項目は事前に用意しているので、まったく無関係に詳細な話になることはまずないからである。そうすると、質的研究を理解するためのもうひとつの問題はディテールの豊富なデータをどのように分析するかになる。ここで、具体的な方法に分かれることになる。個人を単位とする事例研究やライフヒストリーなどもあれば、ある社会的場に焦点をおいたエスノグラフィーの場合もあろう。むろん、グラウンデッド・セオリー・アプローチもそのひとつである。あるいは、エスノメソドロジーの会話分析かもしれない。あるいはまた、ナラティブ・アプローチかもしれない。どれであれ、共通しているのはデータのもつディテールさを活かす分析方法であることである。この点も確認しておこう。

さらに具体的な分析方法を詳細にみていくには、データをどのようにコーディングしているかに着眼する。コーディングという言い方をしていなくても、データを何らかの形で処理しているのであるから、その仕方を見るということである。そうすれば、データのもつディテールさの活かし方の特徴を見極めることができる。こうした一点集中の戦略的設定により質的研究をめぐる現状、あるいはその混乱、まぎらわしさが整理できるし、自分が調査をするときに必ず参考になる。

グラウンデッド・セオリー・アプローチに限ってみてもこの視点からみると、後述するようにそれぞれのタイプの違いがわかりやすいし、実際の調査の際に分析方法の混同とそれによる混乱が防げるのである。

第五章　「わかる」という経験

質的データを分析するときに常に問題となるのは、自分の解釈が適切であるかどうかの判断である。数量的研究法における統計学のように外在的評価基準がないから、自分の解釈が適切であるかどうかという問題は同時に、自分の解釈をどのように他の人々に理解してもらえるかという問題とセットになる。つまり、自己評価のむずかしさがあるのだが、それに加えて他者がどう評価するかも確立されていない。それどころか、評価の前提となる、内容を適切に理解してもらうこと自体、むずかしいのである。質的研究論文は現在のところ、場合によってはこうした綱渡りのような不安定な位置におかれる。

そして、ここからいくつかの道筋の分かれて進むことになる。質的研究への関心の多様性を論じたところである程度言及したが、ここでの文脈にそって主なものを類型的にみておこう。

(1)　質的データであってもできるだけ数量的分析の基準を採用する立場、あるいは、まったく同じ方法ではないが同じ程度の厳密さを求める立場がある。例えば、同一データを複数者で分析しその一致度を重視したり、その信頼度でもって分析方法と分析結果の適切さ、確からしさを担保しようとする。そうでなければ、客観性に乏しく恣意的な分析となる危険があると考える。この立場は自然科学的認識論かそれに親和的なものである。

(2) もう少し緩やかな立場として、質的データの分析は数量的データ分析と異なり独自の方法で行なうが、分析、解釈の過程がわかりやすいように手順の明示化を重視する。データをどのように扱ったのかその手順を示すことが分析の適切さと分析結果の確からしさの理解に必要と考える立場である。

(3) 解釈とはその人間が行なうことであり、手順の明示によってその適切さが保証されるものではないから、自分の解釈結果のみを報告すれば十分であるという立場である。実際のデータの扱いの詳細が示されていなくても論文を読めば内容で評価できると考える。この立場からすれば、同じ面接記録を解釈するときに人によって異なるのは当然のことであり、そこに一致を求めるとすればひどく平板なコーディング基準を使用することになりデータの特性を活かした分析にはならないことになる。質的分析だから恣意的解釈になりやすいわけではないとする。

大雑把な分け方であるが、とりあえず現状はこんなところであろう。(1)と(3)は基本的な点において対照的であり、(2)はそのレベルは明示的でないが理解を得る努力を重視している。質的研究を行なう以上、私たちは基本的にこのいずれかの立場か、あるいは、独自の立場を持つ必要がある。これが自分にとっての認識論、すなわち、ものごとを確かなものと理解する前提的立場となるからであり、とくに強調したいのは自分の立場を意識的に選択するということである。そうすれば、自分の理解もはっきりするし、人にも説明できる。あるいは、他の人の見方とどこがずれているかを理解しやすい。

グラウンデッド・セオリー・アプローチは当初よりこのいずれかに位置づけられるものではなかった。そこにこの研究法の独自性、ユニークさと、わかりにくさがあった。この類型を用いて4タイプの特徴を説明すると、次のようになろう。オリジナル版は、データに基づく実証的な研究である点でグレーザーによって(1)の立場が導入されており、同時に、ストラウスによって(3)の立場も代表されている。ただ、この二つをつなぐ実際のデータの分析の仕方、つまり、コーディング方法については詳しく説明していない。どちらかというと、(1)と(3)を統合した新しい研究法の可能性をアッピールしている点に特徴があるといえよう。

グレーザー版においては(1)に立脚して(2)で独自のコーディング法を提案しているので、コーディング法が複雑すぎて現実的ではないという面はあるが、特徴は理解しやすくなっている。そして、(1)と(2)をつなぐところにデータの切片化という作業がある。

これに対して、ストラウス・コービン版は、一見(1)と(2)と(3)が統合されているように見えるのだが、どれもがあいまいでよく理解できないというのが私の率直な感想である。オリジナル版におけるグレーザーの位置にコービンが入っているように思えるのだが、認識論的基盤はグレーザーほど確固としておらず、また、オリジナル版が課題としていたコーディング方法に関しても切片化の位置づけと方法を含め十分に応えるものにはなっていないと考えられる。むしろ、グレーザーは不在のまま組み込まれている。グレーザー版と同じようなコーディング方法を持ち込みながら、グレーザーには、それがデータに密着した分析を担保するためではなく逆にコーディングの方法がデータの分析を窮屈に規定すると受け止めたがゆえに、あのような猛烈な反発をしたのではないかと考えられるのである。

修正版M-GTAはオリジナル版の特性を継承しつつ、当初からの課題でありグレーザー版においても十分に解決されたとは言いがたいコーディングに関して独自に考案した方法を提案している。さらに、オリジナル版にあってその後グレーザーとストラウスがあまり強調しなくなった研究と実践の関係重視の立場を評価的軸として復活させている。また、オリジナル版ではどちらかというと影が薄い印象を与え、また、対立が表面化した後は死去したこともあってストラウス・コービン版を彼自身がオーソライズした形になったため正当な評価がしにくくなっているストラウスの貢献部分、すなわち、徹底した切片化よりもデータの深い解釈を重視したコーディング作業とその概念化（名付け）を、重要な特性として組み込んでいる。したがって、修正版M-GTAは(1)、(2)、(3)の統合を意図している。その詳細は第二部で説明している。

さて、本章冒頭で提起した問題、自分の解釈が適切であるかどうかの判断と、それをいかにして他の人々に理解してもらえるかという問題に立ち返って考えてみたい。まず確認しておきたいのは、これは一方でもって他方を保証する性質の問題ではないということである。自分が分析結果について確信を得ていれば、他の人も同様に理解し評価するとは限らないし、自分では確信がなくても他の人が認めてくれれば分析が適切であると受け止めてよいかというとむろんそうではない。数量的分析法であれば、両者をつなぐ基準は同一であるから、これは一体の問題となる。しかし、質的データの分析にあっては、この両立を目指さなくてはならない。コーディングの仕方や分析の進め方を手順として明示することは、この点で重要な意味を持つが、そのことと解釈内容の適切さとはイコールとは限らない。だから、自分の解釈について自己判断ができなくてはならないことになる。ここで試されるのは所定の手順自体ではなく、手順を踏みながらもデータを解釈している人間の力量である。

訓練と経験による部分が大きいのは事実であるが、データの解釈はその人のものの見方があって成り立っている。突き詰めれば、何を持って「事実」と認識するかをめぐる立場に行き着く問題である。リアリティ感や手ごたえ感、適切さや確からしさの確認、これらは一朝一夕に身につくものではなく、誰であってもそれなりの時間と学習努力が必要なのである。研究的なものの見方を集中的に形成する時期で言えば、どの領域でも大学院の前期課程（修士課程）となるのが一般的である。理論と方法論をいろいろと学習する中で、自分にとってもっとも納得いく見方が形作られ、それを確認する作業として修士論文を書いていくからである。こうした訓練はもちろん学部段階でもありうるし、また、個人差も大きい。

換言すると、問題を「発見」し、それを探求していく作業と努力がない限り、自分にとって理解できた、わかった、という経験も当然あり得ないのであり、この重要さを強調しておきたい。答えの「発見」よりも問いの「発見」の方が重要であり、むずかしいのである。問いの発見は研究法以前の要素である。データから意味を読み取る側の人間の問題意識がどのくらいしっかりと組み立てられているかによって、解釈の結果は大きく異なるということである。しかも、解釈は自分とデータとの対話といえる作業であり、ひとつの解釈が定まるまでには様々な角度からの検討が必要で、その意味でプロセス的展開となるものである。ヒラメキのように突然アイデアが浮かぶこともあるが、突然のようにみえてその背景にはかなりの思考作業が行なわれている。

もうひとつの重要な点として、解釈という行為にはリアリティ感や確からしさを経験的に学ぶという側面があることである。今述べた、ヒラメキなどもその一例なのだが、修正版 M-GTA で言えば分析テーマが定まったとき、データへの着目から解釈の可能性をいろいろと検討して「これだ」というのが決まったとき、概念の命名がしっくりいくものに感じられたとき、理論的サンプリングでチェックにかけていた具体例がデータからみつかったとき、概念化が続いてできるとき、概念と概念の関係が着想できたとき、あるいは、これがこの分析の中心ではないかと気づいたときなどなど、いろいろな場面があるのだが、共通して言えることは自分の中で躍動する部分が感じられるということである。データから何かがみえてきたときのワクワクする感じと言ってもよい。よく言われることではあるが、やはり強調されるべきことである。

しかもそれだけではなく、グラウンデッド・セオリー・アプローチでは、理論的センシティビティ（theoretical sensitivity）の概念や、データの解釈から生成する概念に求められる分析性と現実とのつながりが感じ取れるための〝感覚的わかりやすさ〟（sensitizing）という二つの要素などを考慮すると、「わかる」ということが「感じ、感覚」と切り離せないものであるだけでなく、それがひとつのスタイルとして成り立つと考えられるのである。つまり、分析している人間が「わかる」という側面と、そこで「わかったこと」が報告される分析結果を通じても「感じ、感覚」的なものとしても読者に「わかりやすい」という回路が埋め込まれているように、私には思えるのである。グレーザーもストラウスも正面からこの点を論じてはいないが、分析結果の実践的活用にもつながるし、その視点をもったオリジナル版からその可能性は読み取れるように思われる。従来経験的にしか語られてこなかったことであるが、分析者にとってだけでなく、分析結果の理解にも通ずる要素として今後、重点的に議論されるべきである。

この問題は次章第二節でもう一度考えるが、ここでもう少し触れておきたい。初期の著作である『データ対話型理論の発見』や『死のアウェアネス理論と看護』（Glaser & Strauss, 1965）に接したとき以降、一連の著作で強調されている「感じ、感覚的要素（sensitivity, sensitizing）」をどのように理解したらよいのか戸惑いに似たむずかしさを感じていた。感受性とはいえ単なるそれではなく、理論的センシティビティであるから論理的要素と不可分のものであり、データの解釈における個人の資質、能力と考えられる。また、感覚的なわかりやすさが、分析的であることと並んでデータから生成する概念の要件として説明されているのだが、ここでも論理的要素と感覚的要素がセットになっている。感覚的わかりやすさがあれば、読者は自身の経験に照らしながら提示された概念を具体的に理解しやすいし、それゆえに活用もしやすいことは確かであろう。

ただ、ここでこの問題を取り上げているのは生成する概念の要件としてというよりも、あるいは、解釈の資質、能力とだけみるのではなく、もっと本質的な問題ではないかと思えるからである。先に指摘した「わかる」から「わかったことの報告」そしてそれが読者にも「わかりやすい」という回路は決して技術的な問題なのではなく、「感じ、感覚的要素」というおよそ科学的ではなく、主観というよりもさらにあいまいであるものが、実は私たちが「わかる」ために不可欠の要素ではないかということである。つまり、これは厳密さのために排除すべき対象ではないということである。

しかも、もうひとつ重要な視点を読み取らなくてはならないのであり、それは「感じ、感覚的要素」が成り立つためには〝感じる人間〟を抜きにはできないということである。つまり、感覚的にわかりやすい概念と、それを用いて現実を理解する人間とはセットで捉えるべきなのであって、前者だけを強調してもその意味ははっきりしない。前著および本書において私が一貫して強調しているのは、図1-1でも示しているように【研究する人間】であり【応用する人間】である。とくに研究において、こうした人間的要素を分析方法に統合していく必要があると考えるからである。修正版M-GTAでこの課題に取り組んだのであるが、「感じ、感覚的要素」を分析方法に組み込むためには、同時に、データのシステマティックなコーディング法とセットでなくてはならず、いろいろと検討した結果、【研究する人間】の視点を中心におくこととした。【研究する人間】とは感覚的理解を排除しないということだけでなく、論理的存在であり、同時に、価値的存在として位置づけられる。

言うまでもなく、この問題はもう一歩進める必要がある。第二部で何度か指摘するのだが、概念が感覚的わかりやすさを特性としてもっとしても、「わかった」ことをどのように評価できるのかという問題である。分析技法を緻密化することにより、自己判断はまだ可能である。リアリティ感や確からしさ、手ごたえといった感じは経験的に理解できる。しかし、自分がそうして判断した結果を他者が評価することは非常にむずかしいのであり、分析手順の説明だけでは十分とは言えない現状にある。修正版とともに私が提案するのは、個々の研究の問いとその結果を内容的に評価する方法である。先に述べた〝回路〟を評価方法としても組み込むのである。しかも、これは研究論文の評価だけでなく、研究結果の実践的活用にも順接するのである。

第六章　社会学における質的研究法の系譜

第一節　シカゴの伝統とその後

さてここでごく簡単に、社会学において質的研究法とされているもの、とりわけ参与観察、フィールドワーク、個人諸記録の活用を中心的研究方法とする流れを概観しておこう。起点は一九二〇年代から一九三〇年代のシカゴ大学とされている。[1]質的研究法の原点としてシカゴ社会学が引き合いに出されるのは、このためである。しかし、シカゴ社会学および立場を共有する社会学研究者は、こうした方法を質的研究法とは呼ばなかった。当時はまだ数量的、質的という形で研究法が分化しておらず、急速に変動する都市環境としてのシカゴの実態調査が精力的に進められたのであり、方法論が先にあるのではなく研究者、とくに大学院生など若い研究者がフィールドに散って調査をしていた時期である。こうした意味でシカゴ社会学は実証的研究を重視する立場

(1)『シカゴソシオロジー 1920～1932』(Faris, 1967) はこれを知るには良書。

の拠点でもあったので、フィールドワークなどだけでなく、その後実は社会調査の発展をも推し進めた。

第二次世界大戦後には、数量的な研究方法が急速に主流となり、シカゴ型フィールド調査は科学的厳密さに欠けるものとして批判され、かすんでいく。

では、シカゴ社会学の伝統が立ち消えになったかというと、そうではなく二方向に分かれながら継承されていった。社会学の大状況は、データ処理や解析法の進歩もあり急速に〝科学化〟の方向へと向かうようになった数量的研究の台頭と、誇大理論（グランド・セオリー）として大きな影響力をもったパーソンズの社会システム論を特徴とする時代へと移行していた。シカゴ社会学の伝統は、ひとつには、パーソンズ理論への批判を共通項として、独自性豊かな理論潮流を形成していった。G・H・ミードを端緒とし戦前からの系譜をもつ流れがブルーマーらによってまとめられ、シンボリック相互作用論と命名されるのだが、母体はシカゴ大学社会学部であったし、さらにブルーマーの影響の下に、構築主義のシブタニやキツセ、ゴッフマン、そして、ストラウスらが登場してくる。こうした理論潮流は、シュッツらの現象学的社会学やガーフィンケルらのエスノメソドロジーなどと合流しつつ、今日、意味学派と総称される社会学理論の立場を形成した。時期的には一九六〇年代がカギとなる。つまり、彼らは数量的研究批判ではなく、誇大理論化の動きを批判して社会学の中にそれぞれの位置を求めたのであり、その後影響力を増していくという展開となった。

それと表裏的に社会学、とくにアメリカ社会学は誇大理論という求心力を失い、理論面でも、そしてそれ以上に研究対象において多様化の度を深めていく。パーソンズの理論がなぜ誇大理論だったのか、また、なぜそれほどに大きな影響力をもったのかについての議論は、興味深いテーマであるがここでの守備範囲ではない。一言で言えば、こういうことになろう。彼の卓抜した理論的構想力、とくに体系化の力によるものであることは言を俟たないが、それだけでなく、社会秩序はいかにして成立しているのかという領域を規定する問いをかかげ、彼はマックス・ウェーバー、エミール・デュルケーム、ジクムント・フロイトといった学問としての社会学の主要な〝出自〟を統合する形で社会システムを理論化したことの意味である。そこには、個人と社会の相互依存的関係が、個人の発達から社会全体の機能的連関まで統合されて提示されているから、言ってみれば社会学的問いとして主要なものの大部分が彼の理論枠組みの中に定置されていた。そこに彼のすごさがあったわけで、誇大理論とは問いを取り込む力をもったものなのである。だから、批判は枠組内からではなく、彼が理論前提としていた部分に集中的に浴びせられ、それは人間についての捉え方に関してであった。パーソンズの機能主義的社会システム論における人間が社会的諸力に対して受動的な、規範体現的な存在として想定されている点への批判であった。

一方、シカゴの伝統がたどったもうひとつの方向であるが、徹底したフィールドワークを強調する古典的シカゴ社会学の研究手法はその後、都市社会学で継承されていく。なお、フィールドワークの方法はアメリカでは文化人類学、イギリスでは社会人類学において主要なものとなっていくが、ここでは人類学での展開には立ち入らない。研究方法としてフィールドワークを取り上げた文献もあるので、関心のある読者は直接学習すると良いであろう（例えば、箕浦、1999）。

もうひとつここで確認しておきたい点がある。実証研究の中心となった数量的研究法と誇大理論への志向性の関係のその後の展開である。この両者の蜜月は一九五〇－六〇年代のアメリカとなるのだが、その意味は両者が深く相互関連して研究展開がみられたというよりも、その時期に各々が社会学の将来的可能性、研究の方向性を明示するものとして影響力をもったということである。むろん、両者は相互に調和的関係であり、そもそも排他的関係ではない。しかし、こうした多分に予定調和的バランスは、理論面でパーソンズ批判が展開するなかで分離し、数量的研究は多変量の処理が可能となるにつれ技術的に高度化を遂げていく。すでに五〇－六〇年代において蜜月の不安定さ、バランスの危うさを内包した時代であったと言えよう。

言い換えると、オリジナル版においてグレーザーとストラウスが指摘した実証的研究と理論研究との関係、もともとの問題提起はグラウンデッド・セオリー・アプローチの出自の確認のために言及されるべき問題ではなく、生きた課題として今日の状況において復活されるべきである。社会学研究のあり方がアンビバレントな部分を引きずりながらも大きく舵を切った五〇－六〇年代に何が選択され、何が失われたかを検証する作業は、社会学以外の領域における質的研究への関心の高まりのおかげで議論がオープンにできる状況になった今でこそ、重要となっているのではないだろうか。社会学における五〇－六〇年代再評価への呼びかけである。データに密着した分析から独自の理論を生成する質的研究法と規定されるグラウンデッド・セオリー・アプローチは、この時期の時代の産物でもあるからである。

第二節　ブルーマーの遺産

ハーバート・ブルーマー（Herbert Blumer, 1900-1987）は20世紀社会学の巨人のひとりであり、G・H・ミードを継承しシンボリック相互作用論を確立した社会学者として知られているが、彼の業績の全体を論ずるのがここでの目的ではない。彼のひとつの論文を取り上げてみたい。一九五四年にアメリカ社会学会誌に掲載された「社会理論のどこに問題があるのか（What is wrong with social theory?）」（Blumer, 1954）と題された論文である。この論文で彼は社会学における概念として「sensitizing concepts（訳がむずかしいのだが、感覚的にわかりやすい概念としておく）」を提唱しているのである。前章の最後で論じた点との関連で、ブルーマーの提案がグラウンデッド・セオリー・アプローチとも関連しているのではないかと思われるからである。

ブルーマーの主張は概要、以下のようである。社会理論の未発達という問題点を克服するには、概念（concepts）について検討することである。概念とは経験的世界（現実の世界）とのつながりを示す方法、道具であり、経験的世界においてそれが何を指すのかが特定的に明確に識別されることが期待される。あいまいな概念はそうした期待に応えられない。社会学が用いる概念の問題点はここにある。

では、概念の問題があいまいさにあるとすれば、それを明確で確定的なものにしていけばよいのではないか。しかし、問題は、どのようにするかである。実際、その試みは成果をみてはおらず、依然として期待はされても達成はされていない。

このように論考を進めてきたブルーマーは、ここで論点を反転させる。すなわち、指し示す内容が明瞭で特定的である概念が私たちの経験する社会的世界を研究する上で、本当に適したものであるのかと疑問を呈するのである。社会学の概念とは、基本的に、感覚的道具（sensitizing instruments）であり、それを「感覚的にわかりやすい概念（sensitizing concepts）」と呼びたいと提案する。何らかの属性、構成要素、外的基準によって明確に定義される概念（definitive concepts）に対して、感覚的にわかりやすい概念はそうした特定化要素はもたないが、その概念を用いることによって言及対象を理解できるし、その導きともなる。

社会学の概念が感覚的要素を含むものであるからといって、概念として未発達で科学的洗練さに欠けているということではない。そうではなく、社会学が研究、分析しようとしている私たちの日常的な経験世界そのものが本来的にそうした性格を有しているからである。そして、次のように主張する。

……私たちは、現実世界で起きていることがらとその内容が手持ちの概念のひとつによってカバーされていると推測せざるを得ないのである。（それらを理解するためには）現実事例の具体的な表れから推測するしかない。具体的な現れ方は現実事例によってさまざまに変化するのが常だから、私たちは、特定化された客観的特性であるとか表れの様式に依拠するのではなく、一般的なガイド、導きを頼りにするしかない。（Blumer, 1954, p. 8 訳と強調は木下）

社会理論とは社会学における理論であるから社会学における概念という言い方をするが、ブルーマーのこの立場は一九五四年という時期を考えるとグラウンデッド・セオリー・アプローチにとって重要な意味をもっている。前々節で述べた概念特性としての感覚的わかりやすさと、ブルーマーの主張する概念特性とは符合するのであり、グラウンデッド・セオリー・アプローチによって生成する概念の有効性を下支えしている。私たちがそうした概念を介して多様な社会的現実を理解しているのであり、柔軟な示唆力をもつ概念とそれを用いる人間とがセットとなって理論が生成され、また、活用されるのである。

第三節　グラウンデッド・セオリー・アプローチの系譜上の位置

グラウンデッド・セオリー・アプローチは社会学における質的研究法の系譜においても、また、近年の質的研究への関心の高まりと多様性においても独自の位置にある。グラウンデッド・セオリー・アプローチは一九六〇年代にグレーザーとストラウスによって提唱されたときから質的研究法と説明されてきたこともあり、一時期、質的研究法といえばグラウンデッド・セオリー・アプローチのことだと思われたときもある。これは社会学においてというよりも、看護などの関連他領域において質的研究への関心が広がることに大きく貢献した。

もう一点は、最初に提示されたときからこの研究法にはある種のわかりにくさがつきまとっていたということである。数量的（自然科学的）認識論と非常に親和的な見方が組み込まれていながら、もう一方では、シンボリック相互作用論のようなデータの深い解釈を重視する、あるいはその解釈を言葉によって名づけていくという――これが概念化の作業になる――二つの側面があって、通常であればこの二つは相入れる性質のものではないにもかかわらずこのアプローチでは分析過程に両方が組み込まれているのはなぜかという問題であった。

私の解釈は、数量的な認識論との親和性はグレーザーから、象徴的相互作用論の影響はストラウスからもたらされたものであり、データを解釈して概念化をするところでストラウスの貢献があり、質的データを用いながらも数量的研究と同等の厳密さで分析が行える方法を考案しようとしたところにグレーザーの貢献があると考えている。したがって、これは最初から数量的研究と質的研究のちょうど接点に位置していたのであり、それゆえに五〇 - 六〇年代のアメリカ社会学の研究状況に対して独自の問題提起でありえたのである。これ自体非常にユニークな立場であるが、反面危ういバランスで成立していたのも事実で、データ重視の研究のあり方を主張した点では広く賛同を得たが、肝心のコーディングの方法に関しては、ふたりが後にそれぞれの方法を提示しさらにはコービンの参加によりグレーザーとストラウスが対立した結果、結局のところあいまいなままの状態にあった。だから、グラウンデッド・セオリー・アプローチ自体を理解するためにもコーディングの仕方に絞ってみていくのは有効であり、修正版 M-GTA の分析技法はここに独自の考えと方法を盛り込んでいる。

第二部　修正版M-GTAのステップ別分析技法

第七章　どんな研究に適しているか

修正版グラウンデッド・セオリー・アプローチ（M-GTA）を実際に調査で使うためには、あるいは、使用するかどうかを判断するためには、この方法がどのような研究に適しているのかを理解することがまず必要である。本章のテーマについては前著でも論じてあるので、ここでは重要なポイントに絞って簡潔に述べることにする。

第一章第1節で述べたように、分析の結果であるグラウンデッド・セオリーは社会的相互作用に関係し人間行動の説明と予測に優れた理論であることが期待される。したがって第一に、人間と人間が直接的にやり取りをする社会的相互作用に関わる研究であることが基礎的要素となる。

第二に、領域としてはヒューマンサービス領域が適している。むろんこの領域でなければ不適だというのではなく、このアプローチの有効性が確実に発揮できるという意味である。とくに、研究結果としてまとめられたグラウンデッド・セオリーを実践現場に戻し、そこでの能動的応用が検証になっていくという回路がもっとも自然に成り立つからである。

第三には、研究対象とする現象がプロセス的性格をもっていることである。これは上記2点から自動的に導かれるのであるが、分析上非常に重要となるので確実におさえておきたい。社会的相互作用自体にプロセス性が組み込まれているのであるが、ヒューマンサービス領域においてはそれが社会的な枠組の中で展開することになる。医療・看護・保健・リハビリテーション、ソーシャルワーク、臨床心理、教育などの実践領域はそれぞれにサービスを受ける側の人間とそれを提供する側の人間という社会的関係が、施設や在宅あるいは教室や相談室などの特定の場（社会空間）とセットで構造化されている。つまり、社会的相互作用一般としてではなく、特定の目的な文脈で関係付けられている。したがって、所定の目的をめぐって社会的相互作用は始まり、展開し、終わっていくことになる。むろんすべての場合、目的にそって秩序だって展開するわけではなく、現実にはさまざまな変化が起きているのであり、それゆえに研究が要請されていることになる。ここではヒューマンサービスの現象特性としてのプロセス性を確認すればよく、その上で領域ごとの特性の違いをみると、医療・看護系のように健康問題や病気の進行により本人の身体状態が具体的に変化する場合には現象特性が確実で理解しやすいプロセスとなりやすいこともあれば、他の領域のように本人の認識や感情の動きなどのように直接見えにくい変化の場合もある。前者の方が分析を手堅く進めやすい面はあり、それが、グラウンデッド・セオリー・アプローチが当初アメリカ看護領域で受け入れられ、その後も日本においてもこの領域で関心を持たれていったことと関係している。

ただ、現象が見えやすいプロセス特性をもっているからといって、そのこと自体が研究対象になるということはあまりなく、プロセス的現象を背景におさえながら独自に研究のテーマと分析テーマを設定する。どのような問い（research questions）を立てるかは研究する人間の問題意識と構想力の問題であることには変わりない。

第八章　分析上の最重要点

第一節　コーディングと深い解釈の一体化

修正版の分析の仕方をステップごとに説明していくが、その作業に入る前に分析上もっとも重要な3点について述べておこう。

第一に、修正版M-GTAにおける分析とは、データのコーディングと深い解釈とを一体で行うことである。コーディングとは元来数量的研究法の分析用語であり、データを一定の方法でシステマティックに分類しながらまとめていく作業のことである。しかし、質的データを数量的データに変換する場合だけでなく、質的データを質的データのまま分析する場合もコーディングと呼ばれる。どのような形で行なうにせよコーディングには解釈も含まれているのであり、質的データの解釈を強調する場合であっても何らかの形でデータを扱っているのであるからコーディング作業を伴っていると言える。ただ、分析用語としてのコーディングにはデータをシステマティックに分類、処理するという作業的意味が明確であり、それは実際の分析上の手順としても論文などにおいて説明することなので、こうした特性を重視するのであればコーディングという言い方をするし、逆に、作業的意味よりも自分の解釈内容を重視するのであればあえてコーディングという用語は用いない立場もある。

言い換えると、データの深い解釈を重視する場合には、作業としてコーディングを行なうことにはこだわらない。コーディング作業とデータの意味を多角的に検討する作業とは逆方向とも言えるわけで、前者はデータとの関係を重視するから、どのようにしてその結果が得られたかをだれでも理解しやすいがその分浅い分析となりやすい。他方、後者はどうしてそういう解釈になったのかがデータとの関係からは良く分からないが、内容は全体として説得力がある。対比的に言えば、このようになろう。したがって、解釈学的アプローチによる研究をみるとわかるように、後者ではそのプロセスが分析方法として提示されることはまれである。研究結果はモノグラフとして発表され、調査の説明は概略的であるのが一般的である。システマティックなコーディングを強調する立場とは、対照的である。

そこで修正版の立場であるが、このいずれかの側でなく両者の統合を意図している。オリジナル版が可能性として提示した研究法の根幹部分がこの点になるのだが、オリジナル版でも、またそれ以降のグレーザー版やストラウス・コービン版においてもこの課題は達成できていないと私は考えている。少し、説明しよう。グレーザーはシステマティックなコーディングを徹底することで、データに密着した（grounded on data）分析を強調しているのであり、これは彼にとって最重要な点である。また、オリジナル版の背景にあった理論検証偏重の社会学研究への批判を思い起こせば分かるように、この点を抜きにグラウンデッド・セオリー・アプローチはありえない。しかし、グレーザーはこの研究法に独自な考え方とコーディングのためのガイドラインを提示はしたがコーディング法を手順としては明示しきらなかったし、データの解釈に関しては淡白である。解釈については理論的センシティビティという概念を中心に説明しているが、これは解釈の仕方というよりも分析者の能力、素養のことである。したがって、彼の関心は説明力のあるパワフルな概念の生成にあったというよりも、grounded on data の分析と理論化の方法にあった。

一方、ストラウスが強調したのはデータの深い解釈である。データの解釈可能性を徹底して検討するのが彼のいうオープン・コーディングである。この点は彼の単著『社会科学者のための質的分析（Qualitative Analysis for Social Scientists）』（Strauss, 1987）で詳しく説明されている。コッフィーとアトキンソンはコーディングについてのストラウスの立場を次のように的確に要約している。

ストラウスはまた、コーディングとはシンプルで間違えようがない手順だと誤解している人が多いことを強調している。コーディングとはデータをカテゴリーに振り分けるといった単純なことではなく、それ以上の意味のある作業であることを主張しているのである。データを概念化すること、データにみられるさまざまな関係について、いろいろと問いを立て、それらへの暫定的な答えを出してみること、そして、データを発見していくことである。ストラウスにとって、コーディングは探求の糸口をたくさん検討し解釈へと進んでいくために用いられるべき作業である。（Coffey & Atkinson, 1996, p. 31、木下訳）

実際、ストラウスの著作は、データの解釈をめぐる彼と学生たちとのやり取りを非常に詳しく伝えている。しかし、比較的大著であるこの著作においても、オープン・コーディングから先の分析手順は明示されておらず、彼の関わった研究例が結果図とともに説明される形となっている。つまり、思考の流れは比較的明瞭に論じられているのだが、コーディングをどのように進めていったら例示のような分析結果としてまとまるのか、データとの関係における手順ははっきりと示されていない。

オリジナル版が二人の共著で提唱され、その後にそれぞれが別々にそれを補完、解説する著作を発表したため、双方の〝強み〟とするところは個別的にはよくわかったのだが、皮肉なことに、共通点は研究のあり方と新たな可能性を謳ったオリジナル版のレベルに留まったままであった。具体的な方法や手順のレベルで両者の強みが表現されるという展開にはならなかったのである。そして、この状況のまま一九九〇年代の対立へと続く。換言すれば、オリジナル版が未解決のまま残した課題は現在に至るまで解決されていない。

グラウンデッド・セオリー・アプローチの可能性はオリジナル版において確認されるのであっ

て、対立後の状況の中でグレーザー版あるいはストラウス・コービン版のいずれかを正統的であるとして選択する問題ではない。グレーザーとストラウスのいずれの貢献部分を抜きにしてもこの研究法は成立しないのである。換言すると、二人の対立によって明らかになったことはこの研究法に可能性がないということではなく、未完成の課題がどこに残されているかであったのである。考案者同士の対立を理由にその可能性を矮小化するのではなく、オリジナル版の〝約束〟を発展的に継承する努力が求められている。

私はこのように考えているのだが、グラウンデッド・セオリー・アプローチを研究法として完成させ定着させるにはこの課題認識しかないのではないだろうか。しかし、改めて言うまでもなくこの統合は容易なことではなく独自の認識論的基盤を構築し、さらに具体的な分析技法として表現しなくてはならない。修正版M-GTAはこの課題に取り組んだひとつの結果なのであるが、システマティックな【コーディング】と【深い解釈】を研究方法として統合するために第三の特性、すなわち、【研究する人間】の視点を導入し両者の中心においている。さらに、図1-1で示したように、研究結果と現実世界とをつなぐために【応用する人間】というもうひとりの人間をおいている。この人間が単なる応用者でないことはすでに論じている。言わば、これが修正版の基盤である。

次に修正版の分析上の特徴であるが、システマティックな【コーディング】と【深い解釈】という性格の異なる作業を同時に行なうことである。そこから、説明力のある概念を生成する。そのために分析ワークシートを作成していく。この作業はコーディングを行ないながら意味を「読み取る」ことで、そもそも簡単にできることではない。手順化を詳しくしているがそれだけで分析内容が保証されるわけではない。データをていねいに解釈したことのある人は経験的にもわかっているであろうが、同じデータに対して同じコーディング方法を用いたとしても人によってそこから読み取る意味がまったく同じにはならないし、自分ひとりで解釈を試みたとしてもいくつかの意味を検討しながらもっとも納得のいくものを採用していくことになる。コーディングで一致度を問うことは、深い解釈とは両立しない。覆いをはがせば隠されたものが発見できるといったことではなく、解釈とはデータとの対話から意味を読み取っていく作業である。対話（dia-logue）の本来的機能とはやり取りを通して最初にはなかった何かを共同で生み出していくプロセスであり、一般には人間の間でのやり取りを指すが、ここで述べているデータの解釈もまさにそのひとつの形である。したがって、解釈が定まるまでにはデータとの往復関係というそれなりのプロセスがあるわけで、ある程度のことがらをまとめて説明できるほどに意味が凝縮したアイデアは、データを見ていきなり出てくるということはまずない。解釈という行為はデータを単に整理してまとめていけばできることではなく、当然であるが、そこでは解釈する人間の要素が決定的に重要となるのであり、修正版M-GTAではこの点をとくに強調している。

データを解釈する力は一朝一夕に身に付くわけではなく、だれであっても地道な努力を続けていくしかないのである。第六章で述べたように、「わかる」という経験はものの見方、問題意識などを鍛えていくなかで培われる。修正版M-GTAの特徴のひとつは初心者であってもデータとどのように向かい合ったらよいか、つまりデータに対しての分析者の姿勢や角度を意識的に確認しながら進められるところにある。後述するコーディングの手順だけが重要なのではなく、作業を行う人間の判断と選択、そしてその論理的一貫性があって手順が活きてくるのである。「主」は分析者で「従」が手順であり、逆ではない。

第二節　grounded on data の優位性

第二に、分析に当たっては理論を生成することよりもgrounded on data、つまりデータに密着していることが優位である。グラウンデッド・セオリー・アプローチはデータに密着した分析から理論を生成する研究法として紹介され、また理解もされており、まさにこの点に多くの関心が寄せられているのだが、実は分析上の優先順位からすると理論をつくるということが最初に来るのではない。理論の生成は二次的であって、まずはデータに基づいた分析であること、そして、そうした分析の結果としてまとまるのが独自の理論であるという順序関係になる。だから、データと概念の関係を原則の形で表現すれば、第一原則はgrounded on dataの分析となる。しかもデータならどのようなものでもよいかというとそうではなく、継続的比較分析、すなわち理論的サンプリングによりシステマティックに収集されたデータでなくてはならない。データに密着

（grounded on data）した分析とはデータに関するこの条件が前提なのである。この点を理解しないと、データに密着した分析は、数量的、質的を問わずあらゆる社会調査で行われていることになってしまい、なぜグラウンデッド・セオリー・アプローチだけが特別なのかという的外れの疑問を生ぜしめる。

第二原則は、生のデータよりもそこから生成した概念の方が優位であるということである。データを解釈してそれを説明できる概念ができたら、そのもとになったデータは捨ててもよい。つまり、データから分離しなくてはならない。では、データを最重要視すると言いながら、なぜデータを捨ててもよいのだろうか。修正版M-GTAがとくに強調するのはデータと概念とのこの関係である。データから概念が創られれば、後に論文で例示用に使うデータ部分を除けばデータは捨ててもよいということの意味は、そこで生成された概念はその概念が着想されるもとにあったデータの当該部分を具体例として説明できるからである。データに密着した（grounded on data）分析をしていれば、安心してデータを捨てられるということである。つまり、分析結果として報告されるグラウンデッド・セオリーはデータで構成されるのではなく、データの解釈から生成した概念を最小単位として構成されるのであるから、分析上重要となるのはデータではなく生成した概念である。そして、その概念が説明力をもつためにはデータに密着した分析が不可欠という関係である。むろん、個人の力量による概念の出来ばえの問題はあるが、それは誰であっても訓練と経験で解決していくしかない。また、捨てるといってもゴミ箱に本当に捨ててしまいなさいと言っているわけではなく、分析者である自分がデータの世界から一時的に離脱して、視点をデータから生成した概念へと切り替えることを強調するためにこうした言い方をしているのである。データとの対話というときの対話とは、こうした視点の切り替えを継続していくことと理解できよう。分析者はこの継続的切り替えを一定の確信をもってできなくてはならないのであり、後述するように修正版M-GTAは分析ワークシートを用いてこの切り替えを行う。このワークシートは、データに密着した（grounded on data）分析とデータからの離脱を両立させるために私が考案したものである。

第三点目は、分析結果は生成した概念と、概念間の関係であるカテゴリー、および、その相互の関係、そして、概念の意味するところを具体的に示すためデータの例示部分だけによって表現するということである。したがって、この方法では度数的な結果表示というのはそもそも成り立たない。概念とカテゴリーとの関係をデータで確認していきながら網羅的にひとつのまとまりに仕上げたものが、分析結果として提示するグラウンデッド・セオリーである。

第三節　データと概念の関係

さて、これまで述べてきた修正版グラウンデッド・セオリー・アプローチをデータと分析結果との関係に焦点をおいて示したのが図2－1である。データの解釈から説明概念を生成し、そう

図2-1　グラウンデッド・セオリーにおけるデータと概念の関係

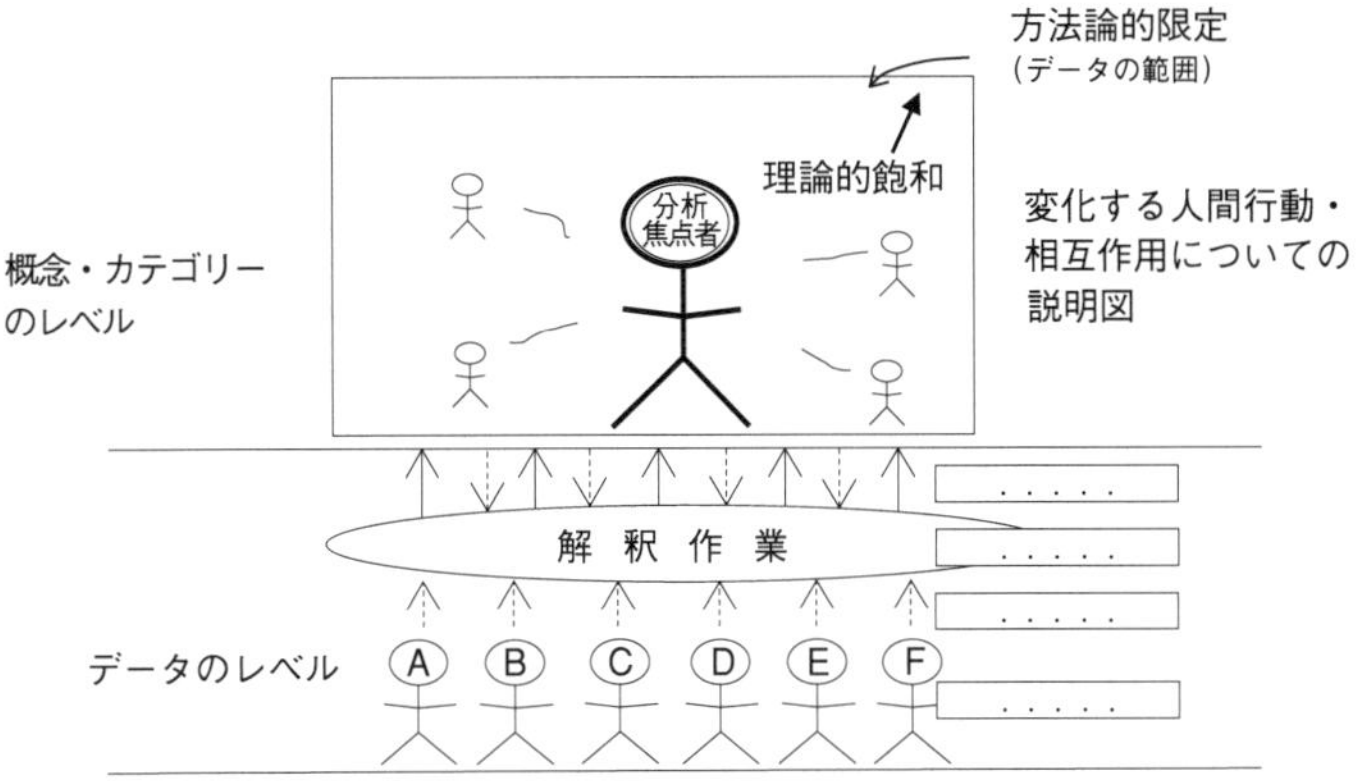

した概念間の関係から人間行動についてのひとつのまとまりのある説明図を理論として提示するのであり、分析結果はデータのレベルではなく概念・カテゴリーのレベルで表現される。調査対象者であるA、B、C、Dと続く個々の人間の統合性は、データの解釈過程で分解され、そのある部分が生成される説明概念の具体例という位置づけになる。解釈作業を経て上欄に向かう矢印に対して、上欄からデータ方向に向かう下降矢印（点線）は理論的サンプリングによるデータの確認を指している。

　この図では複雑になるので概念とカテゴリーを分けて図示していないが、重要なのは概念であり、また、概念間の関係であるカテゴリーとなる。分析結果の完成度は、修正版M-GTAでは分析過程で内発的に生ずる理論的飽和化と、集団としての対象者の設定を含めたデータの範囲などによる方法論的限定の両方向から判断するものとしている。分析焦点者は後述するが、研究テーマから規定される人間の視点を示している。この図をみると、データ提供者の個別性は分析過程には反映されないということ、また、結果は度数の問題ではなく概念の関係であることが理解しやすいであろう。なお、この図では上の欄を単純化した図にしているが、実際の分析ではここの内容は当然複数の概念の関係でまとまったカテゴリーやその関係が入ってくる。修正版では概念を分析の最小単位とするので、データと概念との関係をあらわすことを目的に作成したためである。

なお、第一部で質的研究の特性としてデータの豊かさ、ディテールの豊富さを指摘したのであるが、修正版ではその特性をどのように分析に活かすかというと、概念を生成していくときにその概念によって説明できるバリエーション、すなわち、具体例として分析ワークシートに記入されていく。重要な点なので繰り返すと、データのもつディテールの豊富さが直接分析結果に反映されるのではなく、概念の精緻化や説明力の強さに反映されるのである。分析結果は概念のレベルでまとめられるから、データのディテールの豊富さは発表されるグラウンデッド・セオリーにおいてはその一部分が例示として出てくるに過ぎない。つまり、詳細なデータは概念の有効性を支えるのであり、そのためにデータの比較検討を徹底して行なう。

この特性を理解するのは、データのもつディテールの豊富さを活かす他の質的研究法と比べるとよいだろう。参考までに、事例研究やライフヒストリーなどの場合とエスノグラフィーの場合とを例に図示したのが、図2－2である。共にデータのディテールさを直接的に分析に活かす方

図２-２　データと分析法の関係：事例研究とエスノグラフィー

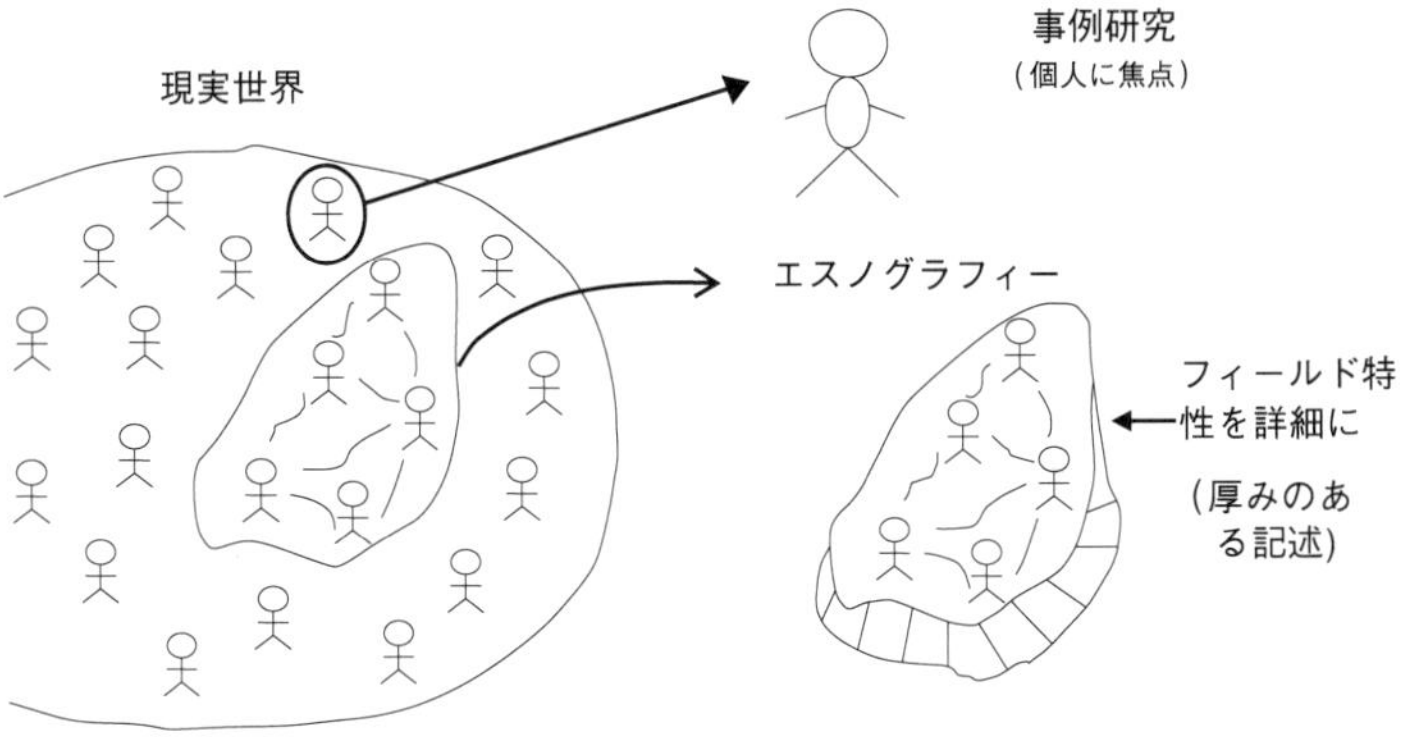

法である。前者ではある特定の対象者について、研究の目的にそって関連するディテールの豊富な内容をできるだけ活用して記述的分析をするものである。ある個人についてできるだけ詳しい内容であることが説得力につながるし、ヒューマンサービス領域における事例研究ではその豊富さが他のさまざまなケースにも通ずるところがあるので個別事例を詳しく理解することが実践面での応用につながるという現実的前提が共有されている。

一方、マイクロであれマクロであれ、あるフィールドを対象にした調査でその結果をエスノグラフィーで報告しようとする場合には、ディテールの豊富さはなによりもそのフィールドの記述に活かされることになる。特定個人の前にフィールドが詳しく述べられないと、登場人物が分析的に位置づけられない。実際のフィールドワークでも調査初期の課題は研究対象とするフィールドの日常的世界をそこにいる人たちとできるだけ同じように理解することであり、それができて初めて焦点を絞った観察が可能となる。

ディテールを直接記述分析に活かすこれらの質的研究法と、概念の生成に活用されるグラウンデッド・セオリー・アプローチとの違いが理解できたと思うが、先走りになるがここでもうひとつこの関係に触れておこう。それは、グラウンデッド・セオリー・アプローチで分析を進めていっても必要なデータが収集できず理論的飽和化にまで至らなかったときに、事例研究や、あるいはフィールド特性が把握されているのであればエスノグラフィーとして分析結果をまとめることができるということである。うまくいかなかった場合だけではなく、例えばグラウンデッド・セオリー・アプローチで分析をまとめ論文を完成させた後で、もうひとつのまとめ方としてインタビューのなかにとくに豊富なデータを提供してくれた人がいればその人についての事例分析も可能である。インタビュー経験のある人は思い当たるように、人によって経験したことや考えなどを詳しく言語化できる人とそうでない人がいるものである。これは個人差なのだが、詳しいデータを提供してくれる人はグラウンデッド・セオリー・アプローチにおいても分析上貴重な存在なのであるが、図2－1で示したようにこの方法では被面接者個人のまとまりは保持されないので、事例としてまとめる方法も可能である。

第九章　研究テーマの設定(2)

研究を始める第一歩は、研究テーマの設定である。その人の問題意識から決めることになるのだが、これはヒラメキや思い付きで決まるものではなく、何らかのアイデアが最初にあったとしてもそれを博士論文であれば研究計画書、あるいは通常、研究助成の申請書としてまとめて初めて研究テーマとなると考えた方がよい。大学院研究科や助成団体には所定の書式があるが、目的、意義、先行研究との関係、研究方法、実行可能性と実施予定などの項目は通常共通している。後者ではさらにこれまでの準備や研究歴、予想される成果なども記入が求められる。つまり、研究テーマの設定とはひとつの作業なのであり、漠然と研究したいテーマを指すのではなくそれを実

(2)　研究テーマの設定については前書でも論じているので、ここではその内容と重複しないよう配慮している。したがって、前書も参照されたい。

際に研究することができるように位置づけられたものでなくてはならない。その過程でさまざまな限定的判断をすることになるのだが計画段階でそれを明確にしておくと、後に軌道修正が必要になったときに対処しやすくなる。

言うまでもなく最初からこの作業が順調にできるわけではなく、だれでも経験的に習得していくしかない。一般には大学院で修士論文を書くときにこの一連のプロセスを学び、それを前提にして博士論文に向かうことになる。博士論文ではその研究のオリジナリティが評価に際し問われるが、修士論文では研究を論文の形にまで完成させていくプロセスを身につけることが重要視される。当然、そのプロセスの最初の課題は研究テーマの設定となる。実務に従事している人が研究する場合は身近な問題が研究テーマになりやすいのだが、この関係を短絡させるのではなく研究テーマとして設定するには次に述べるような作業を必要とする。

第一節　文献レビューの仕方

研究テーマの設定については前書でも触れているので、ここでは作業的学習課題と基本的な考え方の2点に絞って述べることにする。最初に文献レビューの仕方である。データベース化が進んでいることもありパソコンでの文献検索が普及しているが、キーワード検索で得られる情報は検討候補の文献リストという以上の意味はなく、あくまで最初の作業である。それらをどのように「レビュー（review 批判的に読むこと）」するかという肝心な作業が残されているわけであるが、そのことが十分できていない人は少なくないという印象をもっている。文献を探すことのみが強調され、読み方が理解されていないのではないだろうか。ただ読めばよいのではなく、読み方があるからである。

検索結果から論文のアブストラクト（要旨）をざっと見ていくのは有効な始め方であるが、そこから先は論文全体を読むべきものを選び、読み込んでいく以外の方法はない。そして、読んだ論文に引用文献、参考文献として挙げられているものの中からさらに自分が読むべきものを選び出して読んでいくというオーソドックスな方法しかない。比喩的に言うと、パソコン検索が投網型だとすれば、少なくともその次の作業は文献と文献とを自分の判断でつないでいく芋づる型に切り替える必要がある。このときの判断と取捨選択が研究テーマを固めていく上で重要なのである。それだけでなく、忘れてならないのはいずれ行うデータの解釈の準備がここですでに始まっているということである。

研究計画書や研究助成申請書、あるいは投稿論文などでも文献レビューに関してはそれほどのスペースが割けないのが一般的であるから、大雑把というか要約的な記述内容となり、論文執筆者が実際にどの程度きちんとレビューしたかまではわかりにくい。テーマに関連して主要な研究が挙げられているかどうか、日本語文献だけでなく外国語文献も含まれているかどうかといった点がチェックされ、欠落しているものがあれば指導教員が紹介するであろうし査読者ならレビューの不十分さを指摘することになる。どの程度文献を読み込んでいるかは、研究計画段階ではわかりにくいが、研究結果の報告となる論文を読めばそれなりにわかるものである。とくに考察の箇所をみるとよい。考察では分析結果を踏まえたうえでの論考を行なうわけであるが、関連する文献内容を含めた論述がなされているからである。

文献レビューが作業としてもっとも重視されるのが、博士論文に取り組む場合である。そして、研究者としてのキャリアのなかでこの作業をもっとも徹底して行えるのがこのときなのである。それ以降になるとレビューを本格的に行なう余裕はなくなるので、このときにきちんと経験しておくことが重要であり、またその方向で指導すべきである。文献レビューとは単に先行研究、関連研究を概観することではなくそれ自体がひとつの研究であり、その成果は単独の論文として発表されるべきである。博士論文であればその一部にレビュー論文として発表されたものを含むべきである。ただ、レビュー論文の場合でもオリジナリティを問われるべきで、単なる羅列や紹介でなく批判的論考としてまとめるためには独自の判断と選択から構成しなくてはならない。が、レビューの仕方はあまりはっきりとは教えられていないのではないだろうか。

私は学生たちに対して3段階の次のような方法をとっている。最初はひとつの文献について書評を書かせる。著者の観点から内容を的確に要約することと、それに対して自分の視点から論評を加える作業である。次は複数（3から5程度）の関連した文献を指定し、それら全部についての論評を書かせる。学生は個別に論ずるわけにはいかないから全体に共通する自分なりの視点を設定しなくてはならない。最終レポートでは、授業で取り上げた文献や独自に探した文献をもちいて自分でテーマを設定してレビュー論文に近いものを書かせる。必要に応じてこれらの作業を繰り返していくと、文献の読み方や文献レビューの意味が理解でき、実践できるようになる。

第二節　適切な問いをたてる

次に、研究テーマとの関連で強調しておきたい基本的な考え方について述べよう。これは、研究とはそもそも何のための活動なのかという、研究活動の目的をめぐる問題である。論文を書いて発表することが当面の課題である状況におかれると、研究は「当然するもの」あるいは「しなければいけないもの」となり、あとはどのようにするか、したらよいのかを中心に関心が突き進んでしまうのだがこれは非常に危険である。大学院生に典型的に見られる傾向であるが、まずは立ち止まって自分の足元をみることが重要となる。

そのためにはまず、適切な問い――research questions――が立てられているかどうか、つまり、探求に値する意義のある問題が発見できているかどうかを検討する。研究の結果を問う前にまず問いの適切さ、意義を問う。自分が研究する場合もそうであるし、他者の研究について評価や査読をするときにも、そもそもその研究が何を明らかにしようとしたのかを評価することが研究テーマの確認になる。適切な問いが立てられていることによって、その研究は社会的現実との間に位置づけられるからである。これは当然のことのように思われるかもしれないが、研究活動が「するもの」、「しなければいけないもの」になったために、また研究の評価が「調査分析方法」中心になされる傾向が強いために、「問い」自体の重要性や「結果」が現実といかなる関係にあるのかを評価することは非常に希薄になっているという現状がある。研究活動のあり方全体に対する批判であるが、研究活動を最初に経験する人たちにこの点を強調しておきたい。

修正版M-GTAの分析方法に関してはコーディング法を中心に詳しく後述するが、その理解と実行だけでなく、研究テーマの設定の際にはそれ自体の意義を明確に確認しておく。これは、データに向かいあう分析者の姿勢につながる。この立場はとりわけ修正版M-GTAにおいては重視しているが、それはこの方法を用いた研究の評価と密接に関係しているからである。

もう少し、説明しよう。ストラウスらのモノグラフや修正版M-GTAの研究例を読むと気が付くように、分析結果として提示されるグラウンデッド・セオリーは人のうごきがわかりやすく読み物のように読める。また、その領域に詳しい人から見れば、すでにわかっていることをあれこれ羅列的にまとめたもののように思える。分析結果全体ではなく部分、部分について、「そんなことはすでに知られている。だからどうなんだ。これで分析結果と言えるのだろうか」といった反応を受けるかもしれない。論文を投稿しても査読でこの種の指摘がなされるかもしれない。むろん分析が不十分で論文の完成度が低いためにこうした指摘を受ける場合もあるだろうが、ここではグラウンデッド・セオリー・アプローチとして的確にまとめられた論文の場合であってもこの種の反応があり得るという意味である。

本書で説明しているように、データに密着した分析、grounded on data、であるからすでに理解されていることがいろいろと組み合わさって分析結果にでてくるのは当然のことであって、そのこと自体は分析が適切に行われたひとつの証左と言える。データにもとづかない解釈を勝手にしていないからである。しかし、そう主張するだけでは疑問に答えたことにはならない。そこで重要となるのが、その研究が何を明らかにしようとしたのか、その意義は何であるのかである。そして、それらを踏まえたうえで、既知のことがらを含みつつも分析結果であるグラウンデッド・セオリーが提示するオリジナルな知見とは何かを明示しなくてはならない。所定の分析方法をとりつつ、同時に、研究テーマの適切さを確認することによって批判や疑問に答え得る結果につながる。

提示されたグラウンデッド・セオリーをもっともよく評価しうる立場にあるのは実は当該領域の研究者や専門家なのであるが、彼らに既知のことがらだけをまとめて提示してもその結果は説得力をもてないであろう。グラウンデッド・セオリーの強みは、そうした既知の部分を含みながらもそれらを彼らが理解している形ではなく、別の、独自の視点から意味づけることで経験的知識の再編成につながる点にある。Grounded on data による分析は意義の確認された研究テーマと一体になったとき、他の研究方法と比較されても独自性の高い結果をもたらしうるところにある。

通常私たちは、研究論文は査読者や読者によって評価されると考えるのだが、私が言いたいのはその面だけでなく、評価する側もその論文と執筆者によって〝評価〟される面の両方があり、この相互性のために研究方法の確立とともに、問い（何を明らかにしようとしたのか）を評価的に問うことと結果（何がわかったか）を評価的に問うことが不可欠となるということである。

第十章　データの範囲と収集法

第一節　データに関する規定の必要性

前章で述べたように研究テーマの設定を研究計画書の作成と一体で行えば、次はデータの収集に進むことができる。しかし、オリジナル版以降、グレーザー版やストラウス・コービン版においてもデータの収集方法は明確に説明されてきていない。周知のようにグラウンデッド・セオリー・アプローチでは他のどの質的研究法よりも、データと分析は密接な関係にあるからこれは重要な問題なのであるが、にもかかわらず、なぜこうした問題が残されているのだろうか。その理由は大きく分けて二つあると私は考えている。第一に、進行しつつある分析内容との関連でデータを位置づけ説明しているために、その点が強調されるあまり、実際のデータ収集方法についての説明が詳しくされなかったことである。定式化された説明では理論的サンプリングによる継続的比較分析を理論的飽和化に達するまで行なうということになるのだが、これだけではどのように始めたらよいかがわかりにくい。とくに、最初のデータをどのように収集したらよいのか理解できないのである。この点に関するオリジナル版以降のグレーザーとストラウスの立場は、簡単に言えば、最初のデータは関連しそうなものであればよいのであって要はそこから分析を開始し理論的サンプリングを作動していくということになる。オリジナル版は検証偏重となった一九六〇年代における社会学研究への批判から提起されたという背景もあって、彼らはデータについてもこうした説明で十分と判断したのではないかと思われる。私は〝とりあえず始める〟式のデータ収集もありうると考えるが、分析作業の難易度が高くなることと、この方式を現実に採用するには困難が大きいことを考慮して、修正版M-GTAでは最初のデータ収集を重視する立場を導入している。

第二点目は第一点目と関係しているのであるが、オリジナル版が考案される元となったフィールドワークの調査方法とその後多用されるようになったインタビューによる調査方法との違いが、データ収集に関して明確に分けて論じられてこなかったためではないかと考えられる。そこで、この章ではこうした問題点に関しての修正版M-GTAの立場と方法を説明する。

グラウンデッド・セオリー・アプローチの最大の特徴は、言うまでもなくgrounded on data、データに密着した分析にある。例えば、データの収集と分析は同時並行で進める、新たにどこでどのようなデータ収集が必要かは理論的サンプリングによって行う、どの程度のデータがあれば十分かはあらかじめわからない、年齢や性別といった基本属性であっても分析過程でその重要性が浮上しない限り特別に意味あるものとは考えない、あるいは、直接自分が収集したデータだけでなく新聞記事や雑誌記事など分析上関連性の高いものはデータとして分析対象に含めることができるなどと説明されている。このように、進行中の分析によって規定されることを条件として、データ重視とデータの多様性を認める立場が表明されている。そして、データと分析とを相互運動的につなぐ思考作業が、理論的サンプリングとなる。

もう一点ここで確認しておく必要があるのは、grounded on data というときの〃データ〃についてである。データに〃密着〃することだけが特別なのではなく、データが〃データ〃であるためにはある条件を満たしていなくてはならない。つまり、どのようなデータでもよいかというとそんなことはなく、すでにオリジナル版において「体系的に systematic に収集された」データでなくてはならないと規定されている。分析と連動して収集されるデータ、とされている。明らかになりつつある解釈に基づきその適否を見極め、解釈を確定するために、比較思考に立脚する理論的サンプリングにより次に収集すべきデータが何であるかを判断する。そして、重要な要素が網羅的にひとつのまとまりとなった分析結果が得られるまで、この作業を継続していくのである。

しかし、自分がいざ調査を始めるときに具体的にどうしたらよいのか、または自分のやり方で正しいのかどうか、自分のデータが果たして十分なものなのかどうか判断できず、戸惑う人は少なくない。その結果、分析内容についても確信がもてなくなる。使用するデータ自体に疑問が生ずると、不十分なデータに基づく分析は成り立たないのではないかと考えるから、分析内容や分析の仕方について不安になるからである。データに密着した分析という理解は、逆に、自分のデータへの疑問が分析を停滞させ頓挫させかねないのである。データ収集と分析の一体性というグラウンデッド・セオリー・アプローチの特徴ゆえに、そうなると出口が見つからなくなるから事態は深刻である。解釈を深めるために生産的に迷うべき労力を、データが十分なものかどうかに集中することで浪費してしまう。

グラウンデッド・セオリー・アプローチにおけるデータの位置づけを理解すれば収集したデータについての迷いや疑問はさほど大きな問題にはならないし、修正版M-GTAの方法をみればこの問題に陥る心配はなくなるはずである。ここでは、オリジナル版以降の説明がことデータ収集に関しては十分ではなかったことを指摘しておけばよいだろう。

第二節　フィールドワーク型調査と面接型調査

まず、フィールドワーク型調査と面接（インタビュー）型調査とに分けて考える。なぜなら、オリジナル版において提起されたデータに関するグラウンデッド・セオリー・アプローチの特徴はフィールドワーク型調査にもっとも適合的であるが、現在実際にこの方法が用いられているのは面接型調査が圧倒的に多いからであり、しかもデータの収集に関して両タイプは異なる面が大きいからである。先に述べたように、この点がこれまではっきりと説明されてこなかった。フィールドワークでもその一部として面接調査をすることは当然あるのだが、ここでの区分は主たる調査方法についてであり、データ収集が面接という形に限られる場合（これを面接型調査と呼ぶ）とフィールドワークのなかで行なわれる面接とは分けて理解する必要がある。周知のようにオリジナル版はグレーザーとストラウスらの病院内におけるフィールドワークの経験から考案されたものであり、面接型調査の場合について詳しく説明されていない。そしてその後のストラウス・コービン版やグレーザー版でもこの点は改善されているとは言いがたい。そのため面接型調査でこの方法を用いる人たちはこの方法の特徴とされることがらと実際のやり方とが結びつきにくく、よくわからないのである。より端的にいえば、この問題は面接型調査で理論的サンプリングをどのようにするかが理解できれば解決できる。

修正版 M-GTA は両タイプの調査のうちとくに面接型調査を前提に考えられている。言うまでもなく、面接型調査にのみ限られるという意味ではなく、修正版の立場と方法を理解すればフィールド型調査においてもこの方法を効果的に用いることができる。

調査タイプをこのように大別することの意味をもう少し説明しよう。フィールドワーク型調査は、ある社会的場（フィールド）が調査の対象となる。そして、調査者（フィールドワーカー）はそのフィールド全般について理解しつつ、主要な理論的関心について焦点を絞りながら調べていく。フィールドは人間によって構成されている世界であるから、調査の進行につれてそのなかの特定の人々に調査の関心が向けられていくのだが、調査対象の選定順序としてはフィールドの選択が先にあって、その後に人間の選択となる。調査の進め方もフィールドワークの場合にはゆるやかでよく、自分が調査対象フィールドについていろいろと知ることから始まる。ともかく、その場の成り立ちやそこにいる人たちにとってのルーティーンの世界がどのように成り立っているかを理解しなくてはならない。そうした基礎知識を踏まえて、何について知るためには、だれに、どのように質問するのがよいかが判断できるようになってから必要な個別面接を行なったり、特定の場所に行って観察することになる。研究対象のフィールド特性にそくした形で、つまり、そこにいる人々にとってのものの見方や感じ方を踏まえて調査が深められるのであり、それには基礎的フィールドワークの作業が不可欠となる。

ここで強調したいのは、フィールドワーク型調査はこうした緩やかな進め方になるからそもそもデータの収集と分析を同時並行的に行ないやすいということである。これはフィールドワーク一般について言えることであり、とくにグラウンデッド・セオリー・アプローチの場合だけというわけではない。むしろ逆であって、データ収集と分析の同時並行、理論的サンプリングによる新たなデータ収集といった、上述したグラウンデッド・セオリー・アプローチに特徴的なデータの扱いはフィールドワーク型調査の一般スタイルと適合的であるから無理なく行ないやすいのである。

対照的に、面接型調査は最初から個人が選択の対象となる。フィールドではなく「人」が選択の単位となる。データ収集にしてもフィールドワーク型調査がフィールドという〝面〟を前提に進められるのに対して、面接型調査は人という〝点〟で始められる。まず、誰を面接対象とするのかを決めないことには始まらないのである。しかも日時と場所を定めて面接の機会を設定する必要があるから、できるだけ一回の面接で必要なデータを収集しようとする。協力者にそのための時間を割いてもらわなくてはならないし、そうした機会は何度も簡単にもてるわけではないから、できるだけ十分なデータを得ようとする。現実問題として同じ人に再面接をするのは困難であるから、調査上特別な理由がない限りそこまでは行なわれない。また、研究テーマに基づきインタビューガイドか大まかな質問項目を用意して、対象者全員に同じ設問が同じ形式でなされる場合が一般的となる。つまり、データ収集と分析の同時並行は、面接型調査のデータ収集法とはそもそも合致しにくいのである。対象者を〝集団〟として設定し、最初にある程度の人数の面接データを得た方が面接型調査の場合には自然なのである。

修正版M-GTAでは方法論的限定という考え方を導入して分析過程を制御するのだが、その発動を3点に限定している。研究テーマを分析テーマに絞り込むとき、分析結果の完成度を判断するとき、そして、もうひとつが分析に用いるデータの範囲を設定するときである。ここでは「データの範囲に関する方法論的限定」について説明する。

まず、最初の面接対象者の選定を重視する。すでにこの時点までに研究計画書を作成しているから、研究テーマに照らして調査対象者は検討されている。それを、現実的諸条件を考慮し、基準を設定して最初の段階における〝集団として〟の面接対象者を決める。この決定は非常に重要である。なぜなら、継続的比較分析の比較は、まずもって人について進められるからである。最初に対象集団と設定した人と対照的な人、あるいは、同じ対象集団の中で分析から浮上したある点に照らしての比較もありうる。個人の比較それ自体ではなく、ある特性を共有する集団の一員として個人を捉え、その特性に照らして個人を比較するという位置づけになる。こうした説明では何かむずかしいことのように思われるかもしれないが、修正版の手順の全体を理解するとそうではないことが理解できよう。

例えば、障害児をもつ母親の意識の変容過程を研究しようとする場合（中川、二〇〇三）、子供の障害の種類を重度心身障害とするか、身体障害だけとするかを判断し、対象とする母親を限定する。その理由は、障害の種類によって母親の経験も異なるであろうから、母親の意識も大きな影響を受けるのではないかと考え、重度の心身障害の子供の母親に限定するということかもしれない。あるいはさらに、そうした子供との生活期間が母親の意識に重要な影響を及ぼすのではないか、あるいはライフコースの視点を重視すれば親子の年齢幅を広く設定し世代的な違いをみようとするだろう。あるいは、逆に障害児の母親としての意識形成の初期段階での特徴を重視すれば子供や母親の年齢を狭く限定することもできる。さらに、当事者団体、相談機関、作業所など関係者の理解と協力を得て、インタビューに協力してくれる人たちを探すことになる。こうした現実的な条件も明示する。

このように、データ収集に入る前に自分が収集するデータの範囲、すなわち対象者の研究目的上および現実的限定を明確に設定しておかなくてはならない。「ある当事者団体の協力により面接した重度心身障害児者の母親、何人」に関するデータという形で限定化し、データの分析は「この範囲に関して」という条件のもとで進めるのである。データに関するこうした説明は通常の社会調査でも行なわれていることなので、特記するほどのことではないかと思われるかもしれない。しかし、この点はグラウンデッド・セオリー・アプローチでは強調されるべき点であり、確認が必要である。

社会調査では統計学的論理に依拠したサンプリングにより対象者が選定され、分析結果はその論理を介して一般化の範囲が検討されるのと異なり、グラウンデッド・セオリー・アプローチの場合には分析者の判断によって対象者を選択するからである。つまり、grounded on data、データに密着した分析というときのデータは、後述する分析方法に加え、この限定化によって初めて分析対象となるのである。「このデータの範囲に関する限り……」という限定を維持しないと分析結果がどのようであれまとめきるのは困難となる。しかし、この限定化を自分の都合だけで行なってよいかというと当然そんなことはなく、限定の仕方に関しては論理的かつ現実的に十分説明しうる理由が求められるし、報告の際にはこの点を明示しなくてはならない。その上で、分析結果や論文自体の評価もなされるべきとなる。これが修正版の立場である。

では、データの範囲はデータ収集に入る際にいったん決めたらその後は変更したらいけないかというと、そんなことはない。最初の設定のままでよい場合もあるし、分析の進展に応じてデータ範囲を拡大することもあれば、逆に収集したデータにさらに限定を加えて絞り込むことも起きてくる。この拡大あるいは縮小の判断を意識的に行なうことで、分析とデータの範囲の調整とを連動させて最適化をはかっていくのである。図2－1で示したように、分析結果は最終的に内発的論理に支えられた理論的飽和化と外的にデータの範囲を設定する方法論的限定のバランスで、この最適化を判断するのである。

データの範囲に関する方法論的限定の必要性について補足すると、グレーザーもストラウスも最初のデータ収集について詳しく説明していないからである。あらかじめ対象者集団を設定せずに、まず一人に面接し、そのデータの分析から次の面接対象者を選定していくという進め方は、とくにグレーザーが強調している方式である。しかし、この方式には主に次の2点で無理がある。第一に、面接型調査で行なうにはデータ収集と分析を一人から始めるのは現実的でないばかりか、調査の目的との関係があいまいになりかねないからである。また、もし二人以上の面接を先行するのであれば、何故その二人とするのか基準が必要となるから、その時点で対象者限定の問題が発生することになる。

第二に、研究者の問題意識と研究テーマの重要性を考えると、データの分析より前にそのデータがどのように収集されたかを重要視しなくてはならない。それにはデータの範囲に関して意識的な限定判断を入れる。そうすれば、最初の限定判断を基準にして、先に述べたように範囲の拡大も縮小も分析展開のなかで柔軟に判断していくことができる。オリジナル版を始めとしてグレーザーもストラウスもデータに密着した分析であることを最大限強調しているのであるが、その反面データの範囲に関しては分析終了段階での理論的飽和化の概念によって説明したのみであった。そのむずかしさは前著でも論じているが、修正版M-GTAの対処方法の説明と合わせてこの本でも後述している。

なお、面接型調査といってもすべて訪問単独面接というわけではなく、観察を含めたグループ・インタビューの形もある。また、実務の記録などをデータとして用いる場合も当然あるし、実践とのつながりを重視すればそうした研究は奨励されるべきであるが、要点は、どの形であれ分析に用いるデータの範囲に関して明確に方法論的限定を行うということである。

第三節　ベース・データと追加データ

次に、面接型調査で収集するデータの分析と、グラウンデッド・セオリー・アプローチの特性とされる次のことがら、すなわち、データの収集と分析の同時並行性、あるいは、理論的サンプリングによる理論的飽和化までの継続的比較分析との関係について説明しよう。これまでの論述から明らかなように、この問題を解決しないと面接型調査でグラウンデッド・セオリー・アプローチを用いることは極めて困難となる。

修正版M-GTAは、理論的サンプリングと継続的比較分析を行なうが、データの収集と分析の同時並行性に関しては最初にまとめて収集したデータ（これを「ベース・データ」と呼ぶ）と分析経過にもとづき追加収集されたデータ（同様に「追加データ」と呼ぶ）の二段階に分けて進める。これは必ず二段階でなくてはならないという意味ではなく、また、単に回数の問題というのでもなく、データ収集に段階区分を導入するということであり、その判断を明示していくという立場である。簡単に言えば、最初にある程度まとまったデータ収集を行ない、その分析から始め、必要に応じての追加的データ収集としていくという流れである。例えばひとりについて面接と分析を行ない、その結果から次の面接対象者を選定するという進め方は時間や労力などの点で現実的でないだけでなく、オープン・コーディングの初期段階では解釈の可能性が非常に多岐にわたるのでそれに対応しての面接調査の展開は、できなくはないにしても実際には非常に複雑な作業となる。むしろ、研究テーマに照らして対象者を決め、ある程度のデータがあった方が分析はスタートしやすい。修正版ではベース・データとして最初にある程度のデータ収集を行ない、それに対して分析を開始するのであるが、これは単に現実的、便宜的理由によるだけでなく、対象者の選定を含め最初に行なうデータの範囲の限定がすでに分析の一歩となるからである。

一方、分析結果の完成度を示す理論的飽和化に関しては、方法論的限定により規定したデータの範囲との関係において判断する。この点に関しては関連箇所で後述する。

したがって、分析はまずベース・データに対して行なう。ベース・データとは、研究テーマに照らして理論的、現実的判断で選択された対象者について、最初にまとめて収集されてデータである。この点はすでに説明した。ここでは関連する2点について触れておこう。第一に、対象者を限定する作業を意識的に行なうのであるが、限定といっても明らかに異なる対象者を分けるのではなく類似性のある、あるいは関連性の高い微妙な違いを基準に、対象者と非対象者をはっきり分けるということである。先の例で言えば、重度心身障害「児」とするか「者」とするか、母親ではフルタイムの有職者とするかいわゆる専業主婦とするか、当事者団体に参加している母親とするか参加していない母親も含めるかなど、対象を母親とする点は変わらないとしてもどのような母親を対象とするかを最初に決めなくてはならない。重要なことは対象者の限定をどのように行なうにせよ、対象者と非対象者とは実際にはそれほど違わないということである。だからこそ、対象者を明確化することは同時に、非対象者をも意識的に確認することとセットの作業となる。そうすれば、分析の進展に応じて集団としての比較がしやすくなる。最初にこの点をはっきりさせておくことによって、ベース・データの範囲内での分析と理論的サンプリングが可能となり、さらには分析の進展に応じてどのようなデータが追加される必要があるかがわかる。

第二には、何人くらいの面接データがあれば一応ベース・データとなるかという問題である。だいたいの目処としては10例から20例位であろう。グラウンデッド・セオリー・アプローチは度数による分析ではないので、対象者の数が最低何人必要かという問題はない。人数自体ではなく、データの範囲の限定理由の方が重要なのである。したがって、明確な論理的理由により対象者数が少ないことはあり得るが、この方法なら少ない人数のデータでも構わないということではない。

誤解の多い点なので、注意してもらいたい。その上で、であるが、次に述べるようにインタビューのデータは通常かなり豊富な内容となり、それに対して緻密な解釈作業を加えるので、分析結果がまとまるまでであってもそれほど多数のデータは必要とはならない。しかし、飽和化のためには一定量のデータに対しての検討が必要となる。

ベース・データでは、当然同じ面接を行なう。研究テーマに照らして主要な質問を準備しておき、それらについて相手に自由に、自分のペースで話してもらう。いわゆる半構造的面接の形でよい。通常、協力依頼の際に研究の目的を説明して理解してもらっているので、自分のペースで話してもらえることが確認点となる。グラウンデッド・セオリー・アプローチが適している研究についての説明を思い起こせば理解できるように、通常は自分自身の経験したことについてのインタビューとなるから、自然な形で話しやすいものである。質問の仕方については相手が自分のペースで話せることが重要で、それでも明らかにそれた話になったときには質問をしたりして調整する。対象者の特性にもよるので一概に言えないが、目安としては一時間から二時間程度話してもらえればかなりのデータ内容となる。研究テーマそのものに関しての内容だけでなく、他の何が関連しているのか最初はわからないのであるから、まずはこの程度の時間自由に話してもらう。

ただ、次の点には留意する。質的データの特性としてのディテールの豊富さをどのように確保するかである。ただ単に話しやすいように話してもらうのではなく、その内容が一般論的だったり伝聞的だったりではなく、その人自身についてであることが重要である。それと関連するが、自分が経験したことは語りやすいし、どのように考え、感じたかも話してくれるであろう。自分の中で未消化であれば語りにくいかもしれないが、ここでのポイントはそうした場合ではなく――これは別のアプローチが必要となる――、自分のペースで話してくれるときのことである。基本的には流れを妨げないで聞けばいいのだが、ある出来事なり行為についてもう一度振り返ってそのときの判断や行動を改めて考えてもらったほうが良いと思ったら、そのときには質問を入れ、なぜそうしたのかを尋ねるようにする。私たちは日常的に一定の解釈をしていてそのことにあまり自覚的でないのであるが、必要に応じて振り返ってもらえると、データとしてのディテールの豊富さの確保だけでなく、本人も思っていなかった点とか、新たな気づきがあったりして、インタビューへの協力が自分の経験を振り返る機会になることもある。

面接は事前の許可を得て録音し、のちに文字化する。ニュアンスまで含め厳密に逐語化するか、発言内容を逐語化するかは研究テーマとの関連で判断すればよい。それができないときには面接中にメモを取り、終了後にできるだけ詳しくノートに記録する。これも経験によるが、ある程度面接を経験すると断片的なメモを見ながらかなり詳しく思い起こせる。相手の話の抑揚なども耳に残るようになる。当然集中を要する作業であるから、一日にひとりとするのが無理がなく、面接後は速やかに、遅くともその日のうちに記録をまとめるほうがよい。時には日に二人面接をすることはあるとしても、連続して行なうには無理がある。なお、録音の有無とは別に、どの場合

図2－3　ベース・データと追加データの関係

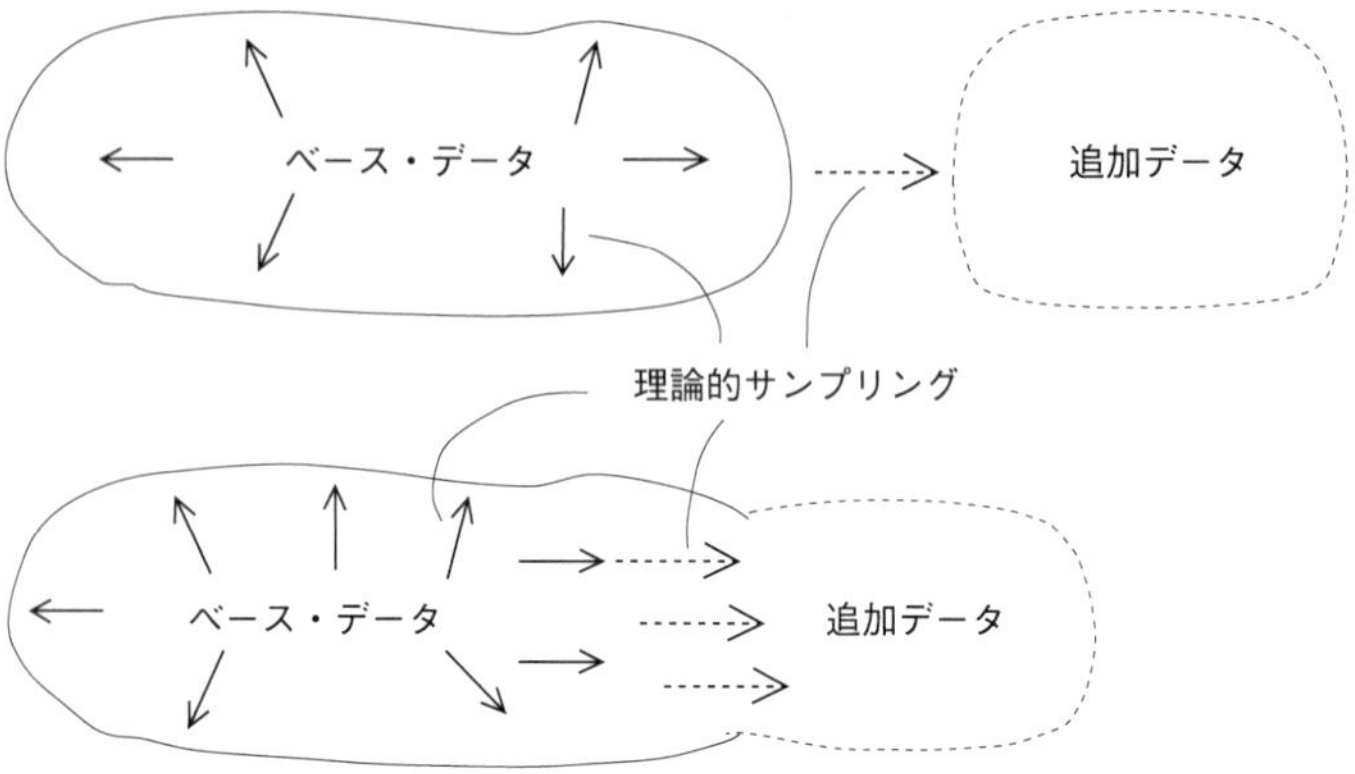

にも終了後に面接の様子などを簡潔にまとめておく。分析はベース・データの全部が準備できてから開始するのではなく、逐語化できたものから始めて構わない。

以上の説明を図示すると、図2－3のようになる。ベース・データと追加データの関係は大きく二つのタイプに分けられる。図の上は方法論的限定として両者をはっきりと区別する2段階の場合、下側は段階をはっきりと分けるのではなく、ベース・データとして一定のまとまりを最初に分析するが、その進行具合によって追加のデータ収集を始めていく場合である。すでに収集が終わっているデータを分析する場合は前者の変形となり、追加データの収集はできないのでベース・データに対する限定をよりいっそう明確に提示しなくてはならないし、データとの確認が不十分な概念や理論的サンプリングにより確認すべきデータがわかっても実際にそこまでできなかった部分についても論文や報告書においてその旨明らかに示す必要がある。つまり、解釈はできてもそれをデータで確認しきれない場合、概念であれカテゴリーであれ理論的飽和化が十分に達成できないときには、その部分について説明しなくてはならない。データ収集をしてからかなりの時間が経過している場合には、追加データの収集まで進むよりも、手持ちのデータで分析を行ないまとめる方が現実的である。その上で、新たな調査として始めるのがよい。

　この図で重要な点は、理論的サンプリングを二方向で行なうということである。実線矢印で示しているように基本はベース・データに対しての理論的サンプリングであり、さらにベース・データから先にどのようなデータを収集すべきかを決めることになる点線矢印が示す理論的サンプリングである。前者では、分析対象のデータはすでに収集済みである。修正版M-GTAでは段階差と時間差を導入することで、オリジナル版で規定されたデータ収集と分析の同時並行性を調整する。

　この章はデータについての説明なのでこの程度とし、あとは分析方法との関連で言及する。ここでは最後に次の点を指摘したい。修正版M-GTAではgrounded on dataの分析が最重要で、次に解釈から説明概念を生成したら今度はその概念が重要で元にあったデータは捨ててよいという表現をしたとおり、分析は概念生成を中心に進められる。その際、理論的サンプリング、すなわち、生成した概念に基づいて対極と類似の両方向での比較を、まずはベース・データ全体を対象に行なうのであるが、このやり方には次のようなメリットがある。すなわち、インタビューやその記録のデータ化を自分でしていると全体の内容がおおよそにせよ頭に入っているので、オープン・コーディングのときに分析中のデータだけでなく「そういえば、同じような例が他にもあった」とか「これと反対の場合が、確か他の人のデータにあった」というように、他の具体例に気づくことができるので概念生成が効果的に行なえるということである。

第十一章　分析テーマの設定

修正版M-GTAでは研究テーマに対して分析テーマを設定するのであるが、この作業如何によって分析の成否は大きく左右される。第九章で述べたように、研究テーマは通常その研究の目的や意義が反映されるので、比較的大きなテーマ設定となる。研究計画の段階ではむろんそれでよいのだが、そのままではデータとの間に距離ができ密着した分析がむずかしくなりやすい。そこで、研究テーマをgrounded on dataの分析がしやすいところまで絞り込む必要がでてくる。これが、分析テーマの設定である。

研究テーマと分析テーマは常に別々でなくてはならないかというと、必ずしもそうでなくてもよい。両者が同じこともあるがそれは結果としてであって、どの場合でも手順としての分析テーマの設定は必要である。分析テーマは一つの調査データに対して複数設定されることもある。例えば、博士論文を三つ前後の個別論文を中心に作成しようとするとき、研究テーマに当たるのが博士論文の題目であるのに対して、章を構成する個別論文に対応するのが分析テーマとなるといった包括関係にある。

分析テーマの設定で重要なことは、データ収集後に行なう点にある。データ収集前に分析テーマを検討することもあるが、その場合には主要な質問項目の確認になる。しかし、収集前に検討していたとしても、分析に入る前にデータ全体をみて、その時点で再度確認し必要であれば設定しなおす。しかも、この作業は一回で判断できるというよりは、オープン・コーディングの始めの段階で概念生成を試みるなかで最終的に確定していくと考えておいてよい。つまり、分析の最初の段階で分析テーマの設定や調整も行なわれるのが自然なのであり、分析が軌道に乗るかどうかがここで決まると言っても過言ではない。少し詳しく説明しよう。

研究テーマを設定しその意義を確認した後に、データの範囲を設定しデータ収集を行なう。面接であれば、当然何のために、どの質問をするのか考えたうえでインタビューをしている。しかし、テープ起こししたデータを実際に目の前にして、いざ分析をとなったとき、どこからどのように分析をしてよいのか戸惑う。これは極めて自然な反応である。そして、ここで頼りにするのがコーディングの方法となる。ただ、コーディング方法は手順を示したものであるから、それが適切に行えているかどうかは自分で判断しなくてはならない。この判断も実際にはむずかしいから、自信がもてなくなり不安になる人も少なくない。これも無理からぬ反応である。

グラウンデッド・セオリー・アプローチはオリジナル版をはじめ、グレーザー版もストラウス・コービン版も、データの切片化をコーディングの要においている。対照的に、修正版M-GTAでは切片化は行なわず、後述するように概念を分析の最小単位とし分析ワークシートの作成をコーディングの要とする。この違いは単にコーディング方法の違いだけでなく、研究方法としてのグラウンデッド・セオリー・アプローチの理解がこの一点に凝縮されているので、その視点で各タイプを比較しながら理解してもらいたい。切片化はデータ重視の象徴的表現という意味合いもあったが、切片化でなくとも十分に現実的で、データを重視した分析は可能である。

グレーザーと、ストラウス・コービンはそれぞれの形でコーディング作業の促進を目的とした提案をしている。グレーザーは18種類からなるコーディング系coding families（Glaser, 1979, 74-82）を、ストラウスらはコーディング・パラダイムや条件マトリックス（Strauss & Corbin, 1990, 101-110, 170）を提示しているのだが、私は、データの切片化を前提にした彼らの方法は現実的に無理があると同時に、オリジナル版の善さを活かしきれていないと考えている。前著で触れてあるように、データの切片化という特定技法は質的研究においてもデータに密着した厳密な分析を行なうことを目的にグレーザーが考案したものではないかと推察できるのだが、grounded on dataの分析を強調するあまり分析者を透明な論理性だけの存在としてしまうという致命的な欠陥を抱えたものであった。研究者が問題意識をもって調査をしたとしても、いざ分析に際してはその部分をいったん停止させ、切片化したデータの解釈可能性を論理的に可能な限りオープンに検討するのは、グレーザーと同じ認識論的立場にたち、それなりの訓練と経験がなければ、成功することはむずかしいのである。まして、グレーザーのように徹底した立場にたつのであればまだしも、切片化の方法論的意味を理解しないでこの方法で分析を始めると、混乱して途中で挫折するか、判断の適切さに自信がもてなくなる。

修正版はデータの切片化をしない代わりに、分析テーマの設定によりデータに対してどのような〝角度〟で分析に入るかを定める。ある研究者は検討の末に分析テーマが定まったとき「データが目に飛び込んでくるようになった」という感想を述べていたが、自分とデータとの分析的な距離がはっきりするからである。これは、特定の語句や特定の出来事、テーマについてデータから該当箇所を探すコーディング法を指しているのではなく、自分が明らかにしようとしている問題がどのようなうごきをもった現象であるのか、分析の方向性が確認できたという意味の発言である。

私たちは、何を明らかにしようとしているのか自分が思っているほど実は明確に理解していないものである。研究の経験が少ないと、どの研究法を用いるにしても、こうした傾向がみられる。研究指導として一般に行なわれていることと本質的には変わらないのであるが、グラウンデッド・セオリー・アプローチの場合にスーパーバイザーの役割が重要となる点でもある。つまり、研究テーマに反映されているその人の問題意識、関心を確認し、それを問いの形でデータに即して、具体的に解釈できるところまで操作化していく。その結果、この研究で自分が何を明らかにしようとしているのかがデータとの関係においてはっきりできるようにする。

例えば、特別養護老人ホーム新入居者の「永住の意思」形成の心理プロセスと構想された研究は、対象者の設定はそのままであるが分析テーマを、「永住の意思」という抽象的過ぎる捉え方ではなく新入居者が新しい生活環境となったホームとの間でどのようにポジティブな関わり合いを作っていくのかを分析テーマとした。その結果、介護が必要なために入居してきた高齢者たちであるが、非常に多様な素材を駆使して自分とホームとをつなげていくプロセスが明らかにされた（小倉、2002）。あるいは、小児がん患児の付き添い入院が家族に及ぼす影響を研究テーマとした研究の場合には、家族に及ぼす影響という設定が一般的で広すぎるので分析の焦点を母親におき、データの内容にそくした形で絞り込む必要があった。その結果、この病気の治療特性と母親の行動との関係を軸に、入院初期段階と治療の安定段階に分けて母親の役割と家族の闘病体制の課題特性についてまとめていった（水野他、2002、2003）。

すでに述べたように、グラウンデッド・セオリーとは人間の行動や他者との社会的相互作用の説明や予測に有効な理論であり、図2－1でみたように概念とカテゴリーの関係で表現されるものである。分析テーマの設定は直接的にそのレベルに対応する。

分析テーマの設定には、最初は「～プロセスの研究」というようにプロセスの文字をわざわざ入れて考えてみるとよい。そうすることで自分が明らかにするのは研究テーマとして意義が確認された問題についての〝うごき（変化・プロセス）〟であることをはっきりさせる。社会的相互作用における人間行動の説明や予測に有効であるためには、研究対象の現象自体が治療であれ援助であれ、あるいは、自分の病状であれ、何らかの変化を示しているのであるから、分析で明らかにしようとするのはその現象の特定断面についてではなく、変化の様態である。研究対象が有している現象としての特性をおさえた上で、最終的に明らかにしていくのはどのような〝うごき〟なのかを考える。その方向性を示すのが分析テーマで、この段階では分析の結果がどうなるかはむろんまだわからないのである。

上記の例で言えば、特養への新入居者はいずれにしても新しい生活環境であるホームに慣れていくのであるから、これが現象特性である。しかし、慣れ方や程度は入居者によってさまざまであるから、そのプロセスを明らかにすることが分析テーマとなる。どのような分析結果になるのかは、最初はわからないが、どういう〝うごき（変化・プロセス）〟を明らかにしていくのかその方向性は確認できる。これが分析に際してデータと向かい合う角度になる。この研究は、最終的に「つながり」をコア概念とする形でまとめられた。あるいは、小児がん患児の研究では急性白血病特有の発病の仕方とそれが直接的には母親に、そして家族全体に影響を及ぼしていく初期段階の現象特性がある。一方、治療にも一定のサイクルがあるから、それが現象特性となった段階では母親や家族は、今度はそれによって影響を受ける。分析は母親に焦点をおき、それぞれの現象特性に対応して母親の行動と家族との関係を明らかにしようとする。

ここで誤解してはならないのは、データをどのように解釈していくかという〝角度〟と方向性の設定なのであって、分析テーマにデータを当てはめることではない。分析テーマの設定は、したがって、現象に特徴的な実際のうごきを踏まえて明らかにしようとすることを自分で確認するわけで、grounded on data の分析のために必要な作業であって、分析自体ではない。

分析テーマの設定はデータに密着した分析を行なうための作業であるが、具体的には次の2点のバランスで判断する。ひとつは、研究テーマをより具体的なレベルに絞り込む方向、もうひとつは収集したデータの内容との兼ね合いである。つまり、自分の問題意識にそってテーマを絞り込んでもそれが実際のデータと大きくかけ離れていては、分析テーマにはならない。そのときに分析を強行すれば、データに密着した分析から逸脱してしまう。グレーザーが強く戒めているように、テーマにデータを無理に当てはめる形になるからである。したがって、分析テーマがデータの内容とかけ離れたときには、データに対応するように分析テーマの方を調整するか設定しなおさなくてはならない。簡単に言えば、自分が考えている分析テーマでいけそうかどうかはデータをみた上でなくては判断できないということである。しかも、ただデータをながめてこの判断ができるかというとそうではなく、実はデータの分析を始める中で分析テーマも最終的に確定していく。先に述べたが、オープン・コーディングの最初の段階と分析テーマの確定とは重なってよいのである。

第十二章　分析焦点者の設定[3]

修正版M-GTAではデータを解釈するときに分析テーマに加えて、分析焦点者も設定する。図2-1の概念・カテゴリーのレベルで分析結果の中心に位置する人間がそれに当たる。これは、特定の人間に焦点をおいてデータを解釈していくことを意味する。分析焦点者は通常、面接の対象者となる。言うまでもなく、これは特定の個人に焦点をおくのではなく、特別養護老人ホームの新入居者とか、小児がん患児の母親とか、大学病院の医療ソーシャルワーカーというように、研究上対象として設定される人間のことである。研究目的と密接に関係することなので、この判断はごく自然に行なわれる。

焦点者は特定の対象者に限定しなくてはならないわけではないが、最初はひとりに絞った方がデータの解釈は順調に進みやすい。これにより分析の焦点がはっきりするから、生成する概念がその人間の行為や認識や感情、それらに影響を与える背景要因といった形で、社会的相互作用における現象特性としての〝うごき〟のレベルと対応して、一定の幅におさまってくるからである。つまり、データを解釈するときに、「その人間からみれば、あるいは、その人間にとっては、これはどういう意味になるのか？」という観点で考える。

分析焦点者の設定には、分析を促進させるという意味だけでなく、また、その研究の目的に沿う分析になるだけでなく、もう一つの重要な特性がある。それはこうして生成された概念は当然、他の人にとっても理解しやすいし、したがって実践にも応用しやすいということである。例えば患者に焦点をおいた分析結果は自分に引き寄せて、つまり、自分を行為の当事者化して理解しやすいので、患者はもとより、患者との相互作用に参加する可能性のあるナースや他の専門職、家族員などにとっても理解しやすい内容となる。分析結果として提示されるグラウンデッド・セオリーの実践的活用を重視する立場からも、分析焦点者の設定は必要であり有効である。

（3） 分析焦点者はこれまで「分析ポイント」と呼んでいたものであるが（木下、2001, 2003）、分析ポイントという表現がわかりにくいので、今後は分析焦点者としたい。ただ、一般には特定の人間に焦点をおくが常にそうでなくてはならないのではなく、難易度は高くなるが相互作用それ自体に分析の焦点をおくこともありうる。その意味も込めて分析ポイントとしたのだが、わかりやすさを優先することとした。

第十三章　修正版M-GTAの分析全体の流れ

　ここで修正版における分析の流れの全体像を確認しておこう。図2－4である。この図は前著で提示したものを若干修正しているが、ここでその要点を確認しておこう。はじめに修正点であるが、軸足コーディングを独立して取り上げるのは不要と判断し、コーディングの種類をオープン・コーディングと選択的コーディングのふたつで表している。軸足コーディングは選択的コーディングの一部と考えた方が理解しやすいので、この図からも外している。

　その理由を説明しておこう。周知のようにストラウスら（Strauss, 1987; Strauss and Corbin, 1990）はオープン・コーディング、軸足コーディング（axial coding）、選択的コーディングの三種類に分けている。軸足コーディングとはオープン・コーディングから得られたさまざまな概念に対して相互の論理的関連性をたどりつつ一定のまとまり（カテゴリー）を創っていく分析作業であり、その際彼らの提示するコーディング・パラダイム（条件、コンテキスト、行為・相互行為

図2-4　修正版M-GTAの分析の流れ

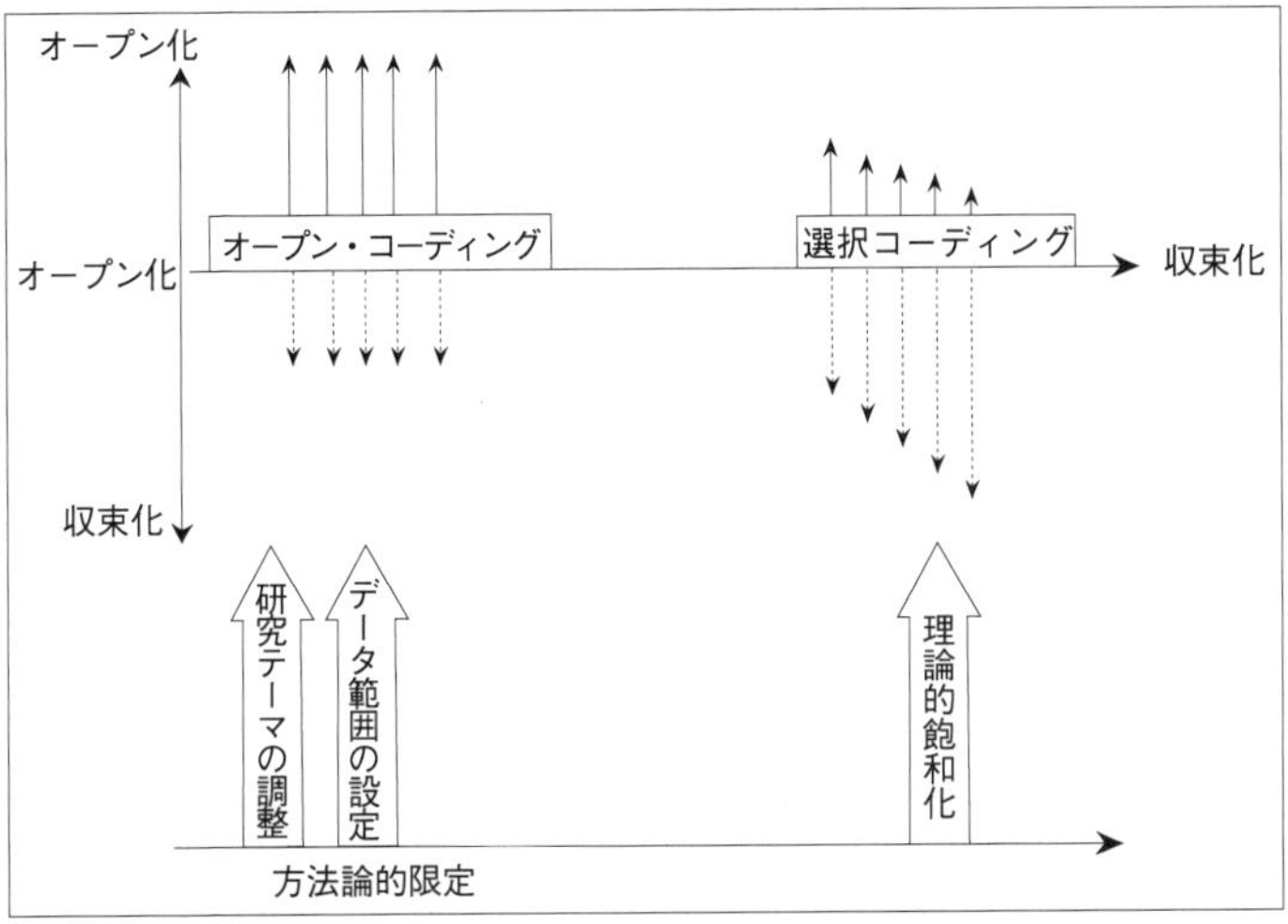

上の戦略と駆け引き、結果）を活用するとされている。そして、コアになるカテゴリーが定まってくると、今度はそれを中心において分析結果全体の論理的体系化を進めるが、これを選択的コーディングという。選択的コーディングとは、したがって、重要な部分が網羅されていて欠落部分がないかを比較により確認する作業を慎重に行いつつ、研究結果として発表するグラウンデッド・セオリーにまとめあげていくことである。

オープン・コーディングから選択的コーディングへの流れは無理なく理解できるのだが、軸足コーディングのときにコーディング・パラダイムを用いることに対しては違和感が残るのである。使い方次第と言えばそれまでであるが、誤解すると分析がグラウンデッド・セオリー・アプローチの基本特性から外れる危険もあるので、敢えて指摘しておきたい。コーディング・パラダイムは、それまでの分析結果をみたときに条件、コンテキストなどの一連の条件が結果としてそろう場合に確認的な意味で参考にできるのであって、それ以上の意味はないと私は考えている。この条件がすべてそろわなくてはカテゴリーが形成されないわけではない。また、パラダイムの要素である条件、コンテキスト、行為・相互行為上の戦略と駆け引き、結果といった特定の観点からそれらに該当するデータを探すべきではない。なぜなら、grounded on data の分析原則から外れてしまうからである。

図2－4が示すように、修正版M-GTAはオープン・コーディングと選択的コーディングの2種類のコーディングで分析を進める。オープン・コーディングについてはこの後、概念生成のところで説明し、選択的コーディングについてはカテゴリー生成のところで取り上げるので、ここで強調しておきたいのは、分析の機能的特性としてはオープン化と収束化であり、それらが縦軸と横軸の両方に向かって示されていることである。横軸が分析作業の時間的進行方向であり、オープン・コーディングから選択的コーディングへと移行するにつれて分析内容は全体としてまとまっていくことを意味している。一方、縦軸の方はどちらのコーディングであっても解釈のオープン化（実線）と収束化（点線）の両方の検討が行なわれることを意味している。言い換えると、修正版の特徴である継続的比較思考と理論的サンプリング、解釈の多重的同時並行性を表しているのが、縦軸と横軸の両方におけるオープン化と収束化となる。ただ、縦軸におけるオープ

ン化と収束化は常に同じ強さではなく、オープン・コーディングの場合はオープン化が強く、選択的コーディングになるにつれて収束化に比重がおかれていく。

そして、オープン化が最小化し収束化が最大化したところが理論的飽和化の達成点である。理論的飽和化は分析全体の完成度の判断で重要となる特性であるが、修正版ではオープン・コーディングの作業である概念生成の際に、個々の概念の完成度を見極めるときにもこの考え方を導入する。つまり、理論的飽和化をふたつの意味で用いるのであり、概念の完成度の判断のときには後述する分析ワークシートを作成するからこの判断はしやすいように工夫されている。

この図で最後に説明しておかなくてはならないのは、下にある方法論的限定の考え方とそれを行なう3種類の場合についてである。方法論的限定はデータに密着（grounded）しつつ分析作業全体を安定軌道に乗せていくための重要な判断で、オープン・コーディングの始めと選択的コーディングの終わりの部分で、言い換えると、分析の最初と最後に対応するところで行うのである。すでに説明したが前者では研究テーマから分析テーマへの設定、再確認、修正、あるいは変更のことであり、後者はコア・カテゴリーあるいはそれに近いカテゴリーの確定とそれに対応するデータ範囲との適合性（fitness）、すなわち、分析結果全体の理論的飽和化にかかわることである。

第十四章　概念の生成法——オープン・コーディングの要点

第一節　コーディング方法をめぐる課題点

ここまで述べてきたことはデータを分析するときに、研究する人間がデータとどのような〝角度〟で向かい合うのかを説明したものである。ここまでの作業の狙いは【研究する人間】を分析技法的に明確化することにあった。修正版M-GTAが目指す、作業としてのコーディングとできるだけ深い解釈とを統合的に行なうためにこれは不可欠である。

オリジナル版以降、とりわけグレーザーによって強調されてきた論理的解釈の可能性、すなわち、データの切片化と全方向の解釈の検討、理論的サンプリングによるデータ収集と確認、その過程で内的必然性をともなって浮上してくる論理的構築物、つまり結果としてのグラウンデッド・セオリーという考え方と方法は方法論としては理解できるものであるが、肝心のデータのコーディングの仕方があいまいであると同時に、考え方としても分析に当たる人間を社会的存在性の希薄な、言わば透明な論理性だけで位置づけようとする点に重大の問題があったとするのが、私の立場である。修正版M-GTAはコーディングにおける具体的な方法と、前提としての【研究する人間】の明確化により、これまでのグラウンデッド・セオリー・アプローチの改善を意図するものである。

少し説明しよう。グラウンデッド・セオリー・アプローチの分析方法として提示されてきたデータの切片化の意味と、その実際のやり方とを分けて理解する必要がある。この理解が不十分だとこの研究法は理解できないばかりか、ひどい誤解のまま実行することになりかねない。データの切片化の意味は研究方法論上のもので、グレーザーによって主張されている。質的データであっても数量的データ分析と同等の厳密さで分析するために導入されたのが切片化なのであって、分析者の先入観、恣意性の混入を排除し、データの持っている文脈性をも解体し、できるだけ細かくデータを区切って、しかも考えられる解釈をできるだけ多角的に検討するというものである。だから、切片化とは単に技術的な方法である以上に、方法論としての立場の表明なのである。これはこれで一つの立場であり方法でもありうると思うが、質的データの分析における厳密さを担保せんがために失うものが多すぎる。第一、コーディングの観点は示していても、実際のデータにどのように用いるのかは説明していない。オリジナル版が一九六〇年代における社会学研究のあり方を批判して提起された経緯を考慮すると、そこまで極端な立場設定を必要としたことは理解できないわけではないが、それではグラウンデッド・セオリー・アプローチの善さを活かすことにはならないであろう。

グレーザー的方法の可能性の方向で現在展開しているのは、コンピュータを用いた質的データのコーディングの世界となろう。CAQDAS（computer-assisted analysis of qualitative data）と略称されているもので、すでに数種類のソフトが開発されている（Seale, 2000）。シールのこの論文では、グレーザーとストラウスの初期研究を例に、死にゆく患者の「社会的喪失」という概念についてコンピュータソフトで分析したらどのようになるのかを説明している。

一方、ストラウスは切片化の方法を用いながらも、むしろデータの深い解釈とそれを凝縮表現して命名化する点を強調している。しかし、これらのそれぞれの特性がコーディングの方法としては完成されないまま二人の対立に至ったのである。ストラウス自身が研究する人間についてどのような立場にたっていたかははっきりとは示されていないと思うが、グレーザーと同じ立場だったとは考えにくいし、それに対抗する立場設定の必要性を感じていたとも思えない。つまり、彼はおそらくシンボリック相互作用論者として最初から一貫した立場であったのであり、それをシステマティックなコーディング法と統合することにはあまり関心がなかったのではないだろうか。

ストラウス・コービン版に関しては、考え方と方法の関係がよくわからない。また、切片化の意味が理解されていないように思える。

言い換えると、データの切片化を採用するのであれば方法論的前提も含めて自らの立場とし、実際に徹底して行なう必要がある。中途半端な形は許容されないと理解すべきである。ということは、切片化という方法を採らないのであれば、コーディング法を含め、どのような立場にたち、具体的にどのような分析方法を用いるのかを示さなくてはならないことになる。研究のあり方の問題にまで立ち返ったところから立場設定を行い、分析方法の体系性と一貫した手順、さらには【研究する人間】の設定までを組み込んだ修正版M-GTAは、一言で言えば、grounded on dataの分析を、切片化をしないでいかに行なうかという問題から要請されたものなのである。

ところで、グレーザーやストラウスによる切片化の説明が十分でないことと、データに密着した分析という基本姿勢への賛同がもたらしている混乱状況は、コーディング方法に凝縮されることになる。その結果、中途半端な切片化と一般的コーディング法とがごっちゃになり、それがグラウンデッド・セオリー・アプローチの分析方法として理解されることもある。換言すると、実際のコーディングの仕方に一点集中でみていけば、それぞれのやり方の特徴が理解できるし、どれを用いるかを自分で選択的に判断しやすいので、現状の混乱は大方回避できるのである。こうした現状であるため、修正版の方式の説明に入る前に、一般的な質的データのコーディング方法をみておこう。

第二節　一般的コーディング法

質的データの一般的なコーディングの仕方をみておこう。よく目にするのは、データを印刷し

図2-5　質的データの一般的コーディング・イメージ

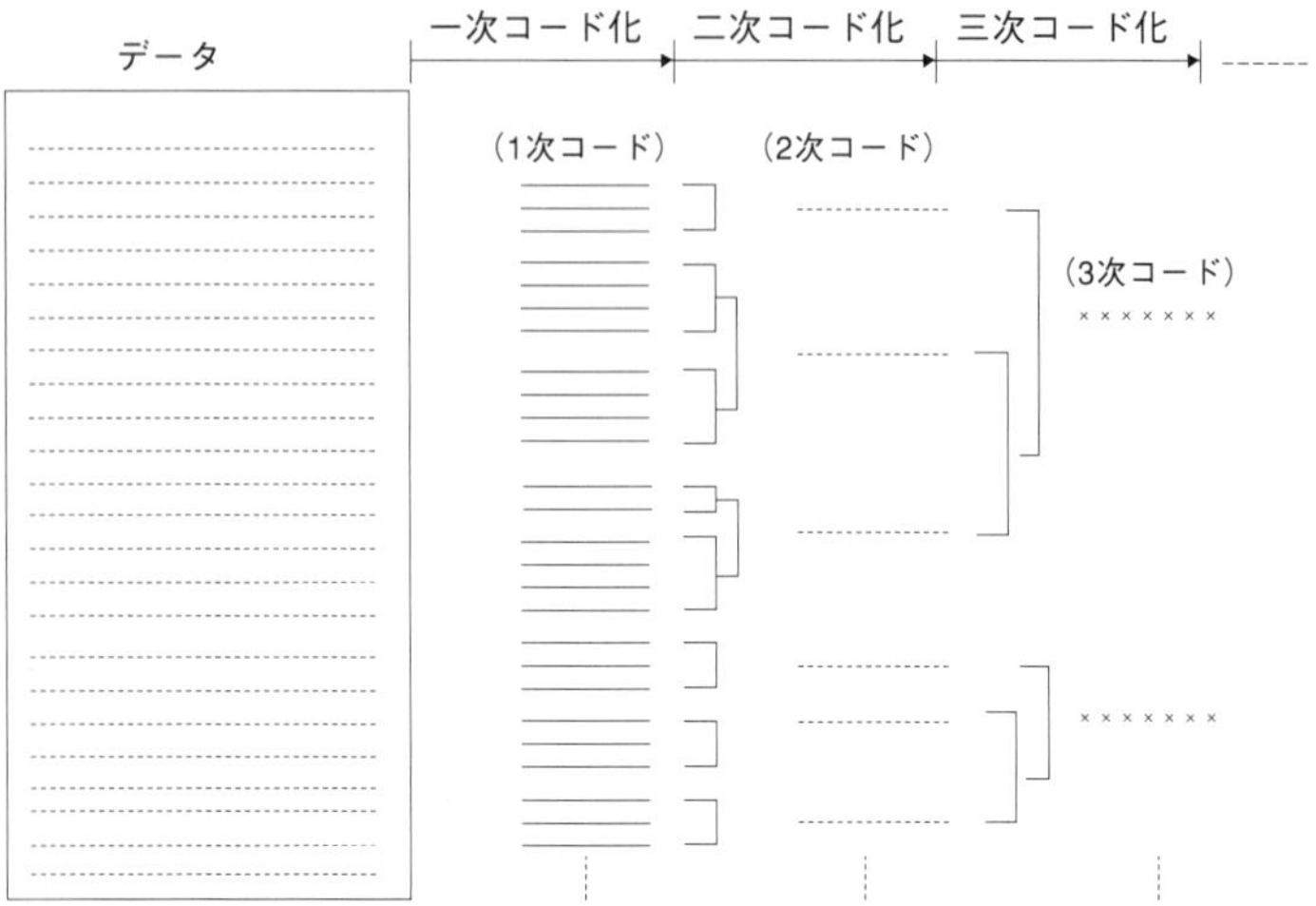

た頁の右側欄外に、データのある箇所について解釈した結果をコード(code)として記入したものである。分析のための問い、つまり、何を明らかにするのかは設定されていて、それに関わる箇所について解釈をしていくのが一般的である。したがって、グレーザーが言うようにさらの状態でデータをみて「これは一体何の研究についてのデータだろうか」(Glaser, 1978, p. 57, 木下訳)という疑問でデータに面するのではなく、当然目的があって始められる。そして、コードを記入していきながら、相互の関連性を明らかにしつつ包括的にまとめていくことになる。データにそって進めるので実際には何頁にもわたる作業になるが、要点をイメージ的にまとめると図2-5のようになろう。

まずデータがあり、そこから最初のコード化の作業が行なわれる。これが一次コードである。そして、一次コード化を進めながら、コード間の関係から二次コードを記入していく。基本的にはコード間の関係をこうした形で包括化していくことで分析結果にまとめていく。以前は紙でこの作業をしたので欄外のスペースが窮屈だったが、最近は表計算ソフトが一般化したためパソコン上でやりやすくなっている。したがって、コード化が進むにつれデータから右方向に広がっていく。

コーディングの鉄則は、coding & retrieval、コードとデータの対応関係の確保である（簡単な表現で、語感もよいので英語のままで覚えよう）。つまり、データを解釈してコード化したときに、そのコードの元になったデータが何であるのかがたどれるようにしておくという意味である。つまり、coding & retrieval であれば grounded on data の分析になっていると言える。厳密には、一次コードは直接的にデータに基づいており、それ以上になると下位コードを経由してデータまでたどれると考える。一見、これでグラウンデッド・セオリー・アプローチの分析になっているように思われるかもしれないが、これだけではグラウンデッド・セオリー・アプローチの分析とは言えない。これは一般的なコーディング方法であるから、もしそうであるなら敢えてグラウンデッド・セオリー・アプローチなるものを提案する必要もない。重要なのは、これでは grounded on data の分析ではあっても、継続的比較分析と理論的サンプリング、理論的飽和化が組み込まれていないからである。

グラウンデッド・セオリー・アプローチであるとして、この形式でのコーディングをしている人は少なくないように思えるのだが、これまでの説明ではこの部分が非常にあいまいであった。修正版M-GTAはこの形式をとらない。

第三節　修正版M-GTAのコーディング特性

修正版は独自のコーディング方式を採用するのだが、データとコーディングとの基本的な関係を確認しておこう。修正版ではコードという用語は使わない。また、他のグラウンデッド・セオリー・アプローチで用いているプロパティの用語も使用しない。データを解釈した結果はすべて概念と呼び、これを分析の最小単位とする。概念の他はカテゴリーの用語だけで十分とする。図2－6で修正版の考え方を表しているのだが、ポイントは次の3点である。第一に、データと概念の距離はすべて一定とする。データを基点に一次コード、一次コードから二次コード、二次コードから三次コードという形で、分析が進むにつれてデータとの関係が〝中継点〟を経由するのではなく、解釈によって生成されたすべての概念が常にデータと直接対応関係の確認ができるようにしている。これにより coding & retrieval と grounded on data はもっとも徹底した形をとることができる。

第二に、データとその解釈から生成した概念とを【研究する人間】をはさんで非連続化する。

図２-６　修正版 M-GTA のコーディング特性

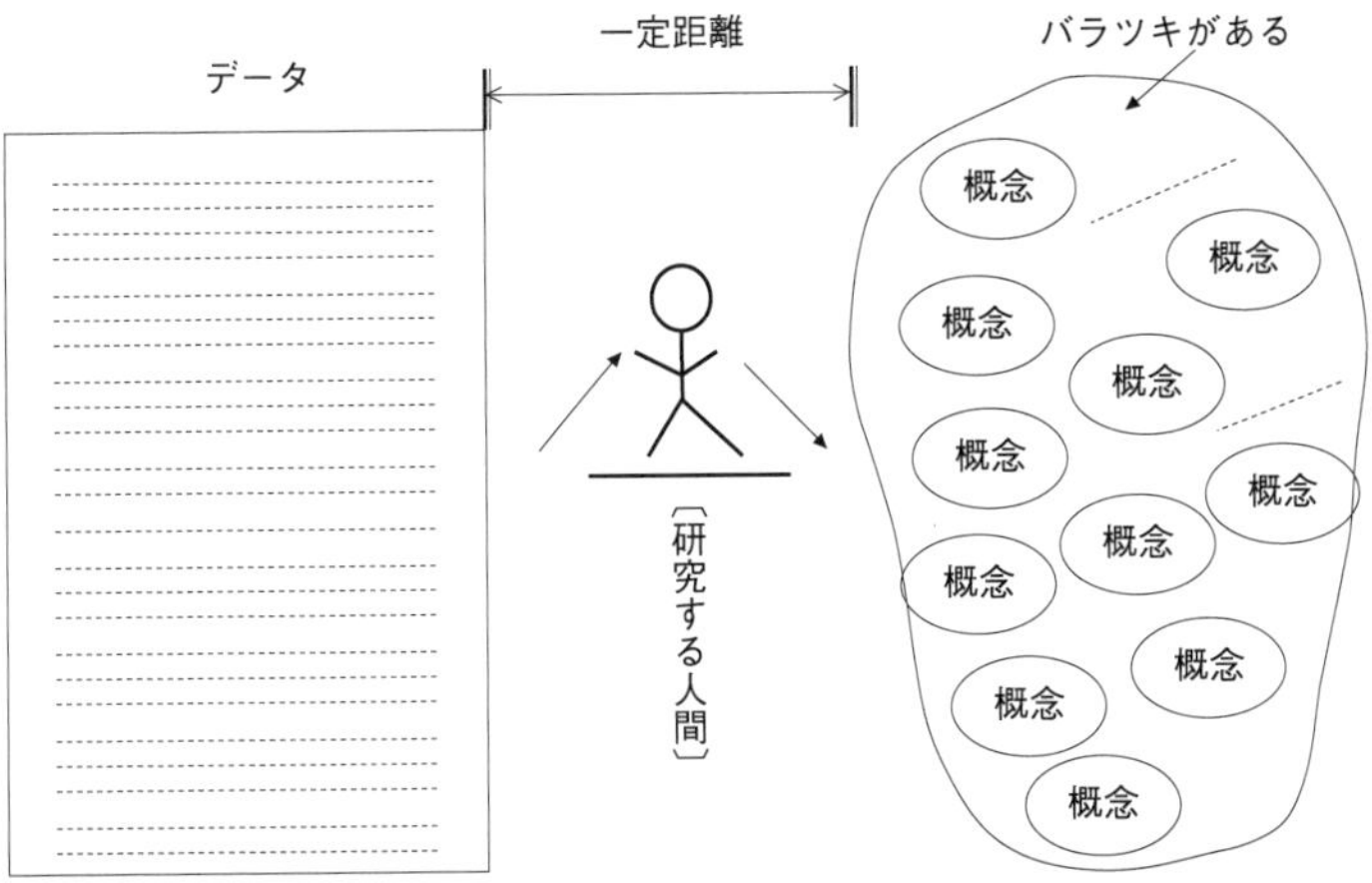

分離する。ちょっとわかりにくいかもしれないが、こういうことである。データと概念の間の距離は今述べたように常に一定にするのであるが、解釈は当然【研究する人間】の判断に拠る。それによって主戦場が図の右の領域に移ることを意識化し確認する必要がある。この図で、データの側と概念の側は同じ距離にあるのだが、具体的な作業は【研究する人間】がデータのある箇所を解釈してそれを説明できる概念を生成するのであるから、【研究する人間】をはさんだ立体的な線が示すように概念を生成するということは同時にデータからの分離を意味する。
先に、データに密着した（grounded on data）分析を行なうがひとたび概念が生成できたらデータを捨てるという言い方をした意味、あるいは、視点をデータの側から概念の側に切り替えると述べたことの意味は、このことを指してい

る。データを最重要視しながらも、その後にデータから分離しなくてはならないのであり、これを方法的に導入しなくてはならない。修正版M-GTAでは後述する分析ワークシートを用いることで、データ本体からの分離を行なう。データに密着した分析でcoding & retrievalの条件をも満たしているから、安心して解釈の側にシフトできるのである。

一般のコーディング方法の場合も同様であるが、オリジナル版、グレーザー版、ストラウス・コービン版に共通した課題は、データ本体を基底においてその上に（実際の作業では横に広がるのであるが）コードを層化させながらまとめていくために、データからの分離があいまいになる点にあった。

第三のポイントは、データと概念の距離は一定かつ直接的であるが、そうして生成された概念はバラツキが生ずるということである。オープン・コーディングで行なう概念の生成作業の結果、その中には限定された説明力のものから包括的な説明力をもちうるものまで混在している。データから解釈により生成した結果はすべて同じレベルになると思いがちであるし、それらをすべて概念と呼ぶと言われると論理的緻密性を要求したくなり、そうした感を深くするかもしれない。しかし、そうした想定自体に無理があるのである。データで着目する箇所はいろいろであり、そこからの解釈も一定の論理的レベルにおさまると考えるのは解釈に抑制をかけることになる。層化型コーディング方法の論理枠組に我々の方が呪縛されてしまうと言ってもよいだろう。いずれにしても、およそ【深い解釈】とはつながらない。

修正版の方法は特別なものではなくグラウンデッド・セオリー・アプローチの諸特性を素直に技法化したものである。あるいは、質的データを解釈するとはどういうことかを自然に考えた結果とも言える。誰であってもデータからの解釈にはそれなりのバラツキがあるもので、要はそれを一定のレベルに分類することで一次、二次、三次のように分析の包括的構成を序列的にはかろうとするのか、それともバラツキを自然のこととして捉え、その自然さを活かしたまとめ方を考えるかである。修正版M-GTAは後者の立場であり、その意味では一種の発想の転換なのである。

分析手順を少し先取りすることになるが、分析の進め方について述べておこう。図2-6のように、データから生成する概念にはその説明力、説明範囲でバラツキがあり、あるものはかなり限られた範囲であるのに対して、なかには他の概念を包括しカテゴリー候補となるものも含まれていて、幅があるものである。この幅は分析が進むにつれて概念間の関係づくりを促進していく。つまり、修正版の方法ではオープン・コーディングで最初にまずは概念生成を行い、次には創った概念を見比べながらその中の関係をみていくという段階的な進め方をしない。ひとつの概念を生成するときに同時にそれと関係しそうな概念の可能性をも考えるという、多重的同時並行思考をすることで相互の関連性を絶えず検討していく。これは、思うほど大変なことではなく、むしろ分析への集中力が強化される。

第四節　データの切片化はしない

これまでの説明で何度か言及してきたように、修正版M-GTAではデータの切片化はしない。非常に重要な点なのでもう一度繰り返すが、データの切片化というのはグレーザーのそもそもの問題意識、つまり、質的データを使いながらも数量的な方法と同じ厳密さで分析し、それによってデータに基づいた理論を構築していくという彼の問題意識を具体化する技法として考案されたものである。分析の厳密さを担保するために導入された方式で、これはこれでコーディングのひとつのやり方である。しかし、データを一文ずつ、あるいは、より厳密には一語、一文節といった形で細分化してその意味を検討する作業は、ショットガン（散弾銃）を撃つようなもので当然解釈が拡散してしまう。しかも、その作業を継続して行なうとなれば、相当に大変なことである。しかし、グレーザーは、大変そうに見えるがコードが浮上して飽和化していけば分析は容易になり加速されると述べている（Glaser, 1978, p. 57）。ところが、どのように「浮上」し「飽和化」していくのかもっとも大事な点が具体的に示されていないので、読者は惑わされてしまう。とくに、あらゆる方向で検討してコード化を行なうところからどのコードがどのように「浮上」するかの説明が十分ではないため、肝心なところがわからないのである。確かに、彼はコーディングのためのいろいろな考え方は示しているが、切片化を始めても比較的早くに分析の方向を見極めているのであるから解釈のセンスの鋭さもさることながら、実は分析する人間の問題意識や理論的関心などが大きく反映している、あるいは、反映されざるを得ないのではないかと思えるのである。つまり、切片化によるコーディングは実際にはそれほどたくさん行なうのではなく、早い段階で「浮上」したコードを中心に選択的コーディングに高速移動しているように考えられる。いずれにしても、人間の能力で処理できる作業量は限られているから、膨大なコードの山を抱えるようなことはありえない。

しかし、グラウンデッド・セオリー・アプローチとはデータを切片化してその意味を考えられるだけコード化していくことと理解し、実際にそうした分析を試みる人は少なくない。その結果、たくさんのコードを作り出すことになり、それらをどのように収束させていったらよいかわからず途方にくれる場合も起こりうる。自分のしていることが適切であるという確信がもてないからであるし、そうした状態でさらに分析を進めることはほとんど意味がない。質的データの分析は、どの質的研究法であっても解釈の方向性が見えてくるまでの初期段階が本当に大変なのであり、修正版M-GTAでもその点は同じなのであるが、切片化の方式はその大変さを増幅させてしまいかねない。

どの立場をとるにせよ、切片化の方式が導入された意味を理解する必要があるのだが、私は、ストラウスでさえ、そしてそれ以上にコービンにおいては切片化に託されたグレーザーの考えを必ずしも的確に理解していないのではないかという印象をもっている。今述べたように、私はグレーザーのやり方には批判的であるのだが、彼の考えは理解できるからである。すなわち、グレーザーは切片化による解釈の拡散（オープン）化とその困難性を分析方法として逆に取り込もうとしたのである。なぜなら、理論化の方向に成果が蓄積しないにもかかわらず検証偏重で行なわれていた社会学調査への批判としてグラウンデッド・セオリー・アプローチはそもそも考案されたのであり、そこからデータ至上主義とも呼べるデータ重視の立場、数量的分析法と同じ分析の厳密さを担保する分析方法の開発の必要性、そして、研究者の先入観の遮断といったことがらを前提として、切片化という具体的な方式が提案されたと考えられるからである。だから、オープン・コーディングのオープンの意味は、データから可能な限りあらゆる解釈を「論理的に」検討しそれらをコード化するということであり、これがグレーザー版における grounded on data の形なのである。

一方、ストラウスも切片化の方式をとっているが、彼が強調しているオープン・コーディングの意味は切片化の仕方というよりも当該箇所の意味をいかに多角的に検討するかについてである。それは時にはひとつの単語であったりするのだが、解釈を多角的に試みるだけでなく、深く解釈することに比重がおかれている。別な言い方をすると、それぞれに同じようなことを説明しているのだが、グレーザーの方法では解釈は同密度で行なわれるように要請されるのに対して、ストラウスでは密度にバラツキがでやすいと理解できる。

ただ、どちらであってもオープン化をはかったままでは分析が進まないので、拡散したコードの関連性をたどりながら収束化させていかなくてはならない。収束化のコーディングをグレーザーは選択的コーディングと言い、ストラウス・コービンは軸足コーディングと選択的コーディングとに分けている。オープン化から収束化への移行は相当に大変な作業で、ここが突破できないと完全に失速してしまう。だから、ストラウス・コービン版が軸足コーディングをわざわざ導入した狙いも理解できなくはないのだが、コーディング・パラダイムをそのために用いるのは適切ではない。また、グレーザーは彼らを批判するのだが、それに代わる説得力のある方法を彼自身が提案しているわけでもない。

コーディングをめぐるこうしたむずかしさもあるため、グラウンデッド・セオリー・アプローチであるとしながら無難にできそうにみえる図2－5のコーディング方式を用いることで対処しようとする人がいるのもわからなくはない。データからの最初のコーディングとデータの切片化は一緒にやりやすいからである。

前著でも論じてあるが、私は切片化の前提に問題があると考えている。データ重視の厳密な分析が重要なのはその通りであるが、ではそもそも何のためにその研究をしているのかという問題が棚上げされている。また、分析者は当然のことながら問題意識と目的を持ってその調査を行なっているわけだから、先入観だけでなくそうした部分まで遮断し、一見論理的にニュートラルな視点があるかのようなデータの解釈の仕方は不自然である。

修正版 M-GTA は、grounded on data の原則、分析の厳密さは重視するが、そのために切片化は行なわず、分析をする研究者（【研究する人間】）を前面に出してその問題意識に忠実に、データを解釈していく。データを切片化するのではなく、つまり、データの中に表現されているコンテキストを破壊するのではなく、むしろコンテキストの理解を重視する。そこに反映されている人間の認識、行為、感情、そして、それらに関係している要因や条件などをデータにそくしてていねいに検討していく。ヒューマン・サービスにおいては看護・保健・医療分野であれソーシャルワークや介護分野であれ、あるいは、教育、臨床心理などの分野であれ、人間と人間の複雑な相互作用がプロセスとして進行するわけであるから、その全体の流れを読み取ることが重要であると考えるからである。一般的な社会的相互作用以上の複雑さがあるのであるから、そうした複雑さを理解することが重要であり、そのためにはデータの切片ではなくデータに表現されているコンテキストを理解しなくてはならないと考えるからである。ディテールの豊富な質的データを解釈により分析するのは、このためではなかったか。その部分を犠牲にしてまで分析の厳密さを求めるのは、グラウンデッド・セオリー・アプローチの善さ、可能性を活かすことにはならない。

これまで述べてきたように、研究テーマ、データ範囲の限定、分析テーマ、分析焦点者などの設定に基づき、加えて、分析ワークシートを作成しながらデータの解釈を行い、説明概念を創り出していく。換言すると、修正版でのオープン・コーディングとはとくに分析テーマと分析焦点者によって制御されたオープン化であり、それゆえ深い解釈をしやすくなっている。したがって、修正版でのオープン化の意味は、切片化の場合のように論理的に考え得る解釈可能性の検討ではなく、データの着目した箇所に関して分析焦点者からみたときの解釈の可能性をできるだけ多角的に検討しそれをデータで確認していくことである。【深い解釈】を重視する点でストラウスの方法に近いが、データへの着目がしやすいように独自の工夫している。

第五節　データのみかたと概念生成——最初の着眼点

修正版M-GTAでは、最初の概念生成がもっとも重要である。これは前著でも指摘したことであるが、その意味は最初の概念を生成する作業にこの方法の主要な要素が凝縮されるためでもある。また、ひとつきちんと概念化ができれば、推測的、包括的思考の同時並行化を含め、それを基本モデルに分析を進められるからである。最初の概念生成においては手順の確認や分析テーマの確認といった、そのこと自体だけでなく分析に当たってデータと向かい合う角度の設定と一緒の作業となることが多く、また、それで良いのである。

最初が大事であることにはもうひとつの側面があり、それは分析の緻密さ、解釈の深さがだいたい決まってしまうということである。解釈内容に対するリアリティ感や手ごたえのことで、これは手順によって保証されるものではない。一種の感覚的な経験で「わかる」という経験と同質と考えてよい。グレーザーとストラウス、なかでもグレーザーが強調している「理論的センシティビティ（sensitivity)」は分析プロセス全体に関わる要件なのであるが、ここで述べていることも一種のセンシティビティである。経験的要素を説明するのはむずかしいが、逆に言えば、自分が経験的に確認できることでもあるので、する前から心配する必要はない。手順はそれを保証はしてくれないが、手順によって解釈は導かれるからである。

リアリティ感のカギは解釈のオープン化にある。深い解釈を試みる。解釈の可能性を多角的に検討することがすでに緻密化作業になっているのであり、そこからもっとも納得のいく解釈案を選択していけばよいのである。しかもこの後説明しているように、比較の視点を継続して導入するので、データに密着しつつ相乗的に分析は深まる。ここでは、最初の分析を自分にとってあいまいなまま済ませないことを指摘しておこう。あいまいに始めればその後もあいまいさは付きまとうし、逆に、最初の概念生成をていねいにすればその緻密さが分析全体のトーンを決めることも忘れないでほしい。

そこで、実際の分析であるが、まず一人分のデータ全体にざっと目を通す。最初に取り上げるのはベース・データの中で、分析テーマに照らしてディテールが豊富で多様な具体例がありそうなものを選ぶとよい。その方がオープン・コーディングを効果的に行なえるからであるが、この点にはそれほどこだわる必要もないので、どのデータから分析を始めるかを選択するときの目安である。細かくデータを見ていく前に全体に目を通すのは、データの内容に馴染んでおくためである。

データを最初からみながら、関連のありそうな箇所に着目する。ある語句のときもあれば、1、

2頁分の内容をひとつのまとまりとして捉えるときもある。あるいは、数頁にわたって関連箇所がない場合もあろう。切片化をしないから、データのどこに着目するかは分析者の判断による。したがって、ここがひとつのポイントになるわけで、最初はこれでよいのかどうか確信がもてないものである。自分の理論的センシティビティと関係してくるが、そうした能力は一朝一夕につくものではない。ただ、修正版M-GTAではこのときまでに分析の準備をしてきているので、その点を確認することが重要となる。

最初の概念生成が一番むずかしいのであり、はじめは「らしきこと」からで良いのである。その理由は、分析を始めても実際には概念生成ができて分析が順調に進み始めるかというと、そうではなく実はその作業を通して分析テーマを確定することになることが多いからである。これはとくに経験の浅い人の場合にみられることで、非常に健全な始め方である。ある箇所に着目したとして、なぜそこに着目するのか、その部分の意味は何かなどの問いかけをしていけば、自然と自分が明らかにしようとしているのがどういう現象の、どういううごき、変化、プロセスのことなのかを確認することになるからである。一言で言えば、自分の判断に対して、「なぜ？」の問いを立てて考えるのである。このことからわかるように、最初ほど、とりわけ最初の概念を創るときが一番大変なのであり、まずそこをていねいにしておくと分析全体が軌道に乗りやすい。

スーパーバイズが有効なのはこの作業のときであるが、スーパーバイザーの役割は分析する人の思考を意識化させるために確認の問いを出すことにある。つまり、分析を軌道に乗せるために

【研究する人間】の設定をここで最終確認するのである。スーパーバイザーがいればデータへの着目から最初の概念生成までのプロセスを学びやすいし、最初の概念は見本にもなるからその後の分析で参考になる。しかし、スーパーバイザーがいなければできないかというと、むろんそんなことはない。本書で説明している手順とその考え方をひとつずつ確認すれば、よいように工夫してある。

あるいは、だれもがとれる有効な現実的方法がある。数人のグループでオープン・コーディングの最初であるこの段階の作業を行なうことである。これまでに述べてきたように修正版では分析に際してデータとどのような〝角度〟で向かい合ったらよいかを手順化してあるので、その一つひとつを一緒に確認した上で、最初の分析を共同で行なう。その場合ふたつの意味があって、ひとつはスーパーバイザーの役割をとって、分析者の思考を意識化させること――「なぜ？」を連発する――である。もう一つは分析者と同じ立場で一緒にデータの解釈することである。こちらの方が効果的であろう。データを一緒にみていくのだが、どこに着目するかは同じか似通ったこともあれば、人によって実際にはいろいろと違うこともある。それぞれについてなぜその箇所なのかを話し合うことで、分析プロセスで一番大変な段階での作業を仲間のサポートを受けながら行なうことができる。言うまでもなく、参加する人たちにとっても、貴重な勉強となる。

ここで注意してほしいのは、他の人たちがデータを見てあれこれ解釈を言うのではなく、手順を一緒に確認することで【研究する人間】の設定を共有していることである。つまり、分析プロセスと分析焦点者までの準備を分析する人と共有するところまで理解していないと、分析者の判断を混乱させかねない。ここまでは共同研究の場合と同じと考えてよい。

ただ、グループでの作業は補助目的なのであって、分析者が概念生成を自分でできるようになれば、そこで離脱する方がよい。軌道に乗せるまでの補助ロケットの役割である。共同研究の場合も同様である。その理由は、データのある箇所に着目し、その解釈から概念を生成するという分析の立ち上げのときにはいろいろな解釈があってよいのだが、そして、それは確実に分析を軌道に乗せ始めるのは事実だが、分析が動き始めれば判断の主体は一人に限定すべきである。複数の解釈があり、その中から選択できないとオープン化から収束化への移行にブレーキがかかる危険があるからである。解釈を延々とていねいに議論していても、つまり、オープン化のところをぐるぐる回ってしまい離陸しきれない状態になりかねないからである。先の説明で言えば、データから概念への切り替えができないことになる。したがって、複数の解釈が出されてもそこからの判断は、分析に最後まで責任をもつ人がした方がよい。

共同研究の場合には、主たる判断者をひとり決め、その人が論文執筆まで担当する。ひとつ論文ができれば、関連して新たに分析テーマを立て別のメンバーが主たる役割を受け持つようにするとよい。むろん、共同ですべてのプロセスを進めることを否定するわけではないが、主たる役割と補助的役割とに分担した方が効果的である。共同で検討するのは、主たる担当者が分析結果の全体か、主要なカテゴリーについて説明できるところまで作業が進んだ段階で行った方がよい。

そうすれば、いろいろな意見が分析に反映させやすい。

以上のことを言い換えると、修正版ではデータ分析を共同ですることの意味が、コーディング者間の一致を重視する立場とは反対になっていることに気づくであろう。解釈の一致を目的にするのではなく、逆なのである。データから解釈の多様性、つまりオープン化を徹底するためである。だから、ずっと共同でやる必要もないのであって、分析が軌道に乗れば主たる担当者に任せればよいことになる。質的データの特性であるディテールの豊富さを分析に活かすにはこの立場の方が有効かつ戦略的であり、複数の分析者によるコーディング結果の一致をもって分析の信頼性を担保しようとするのは――その立場のあることを否定するものではないが――、ディテールの豊富さをつぶしてしまい説明力の乏しい平板な結果になる可能性が高くなる。

重要な点なのでもう少し議論を進めるが、そもそもなぜ質的研究を行なおうとしたのかにまで立ち返って確認する必要のある問題である。前著で私はデータとは何かから論じ、データとは質的であれ数量的であれ複雑な現実を置き換えたものとしては本質的に不完全なものであり、その認識から出発すべきであると論じた。少し長くなるが、主要な部分を引用する。

データとは二つの特性から理解できると私は考えている。ひとつは、データとは研究対象である複雑な現象を忠実に反映したものでなくてはならないということ。もうひとつは、その現象を分析に必要な形に置き換えたもの、つまり、分析法から逆に規定されたものでなくてはならないということである。「研究対象→データ←分析法」の三者関係において、データとは本質的に不安定なバランスにある。この理解がまず重要である。研究対象の現実を忠実に反映するという条件自体不完全なものであり、ここにまずひとつの不確実性がある。その上、数量的方法の場合には分析法が要請するデータの条件を完全に満たせないという意味でのもうひとつの不確実性がある。一例を挙げれば、データと尺度カテゴリーとの関係で名義尺度や順序尺度はともかくとして間隔尺度や比例尺度を用いる場合の不確実性や、分布の偏りの問題である。むろんそれぞれに誤差を修正する方法は考案されているが、ここで述べているデータの不確実性を解消しうるものではないということである。

そのため、「研究対象→データ」と「分析法→データ」の二重の不確実性によりデータは定義されるから、「研究対象→データ←分析法」となるのである。しかし、数量的方法の場合には「分析法→データ」の部分が重視される傾向になるから、前者の不確実性が前面で議論されることはあまりない。これは、研究展開の流れとつながりにくいからである。つまり、この部分にこだわりすぎてしまうと当該調査が前に進まなくなってしまうからであり、通常は方法論に関する記述に含まれて処理される。

ただ、データ化しない限り実証的研究は行えないのであるからデータの不確実性それ自体が問題というのではなく、要はそれを意識的に確認したうえで自分の立場を明確に表すことである。（木下、1999, 162-163）

私が言いたいのは、研究においてデータの不確実性をそのままにしておいて分析の〝確実性〟だけに関心を向けることの偏りの問題である。少なくとも人間をめぐる現象の複雑さを考慮すると、データも分析法も共に自然科学的基準で確実になるという期待自体が現実性の乏しいものである。これはグレーザーとストラウスをオリジナル版へと動機付けていった認識でもあるが、40年近くを経て果たしてどこまで状況が変わったかを検討すべきであろう。これまでに言及してきたように、修正版M-GTAは社会的背景をもつものとして【研究する人間】という視点を導入することで、社会的活動としての研究の評価軸、すなわち、当該研究の意義、分析方法に加えて「問い」と「結果」を評価する必要性、実践との関係などを重視している。

それでもなお、分析方法の確実性を問う必要はあるし、修正版も当然その部分への対応を工夫している。修正版はグラウンデッド・セオリー・アプローチの基本特性である継続的比較分析法を作動させることで例外事例を発生させない分析方法となっている。この点は後にも触れるが、修正版はオリジナル版、グレーザー版、ストラウス・コービン版のどれよりも、比較を徹底する方式になっており、具体的には次の二通りで行なう。ひとつは集団としての対象者についての比較であり、これは他の3タイプと共通している。もう一つが独自の比較法で、分析ワークシートを用いて概念生成をするときにデータで着目した具体例と自分の解釈の両面で対極比較法を駆使する。類似例だけでなく、対極にある例、矛盾する例があるかどうかをその都度データに照らして確認していく。

さて、ここで再び最初の分析場面に戻ろう。データのある箇所に着目するところからである。自分が着目した箇所が適切かどうかはあまり神経質にならなくてよいということである。直接的には分析テーマと分析焦点者に照らして、関連がありそうな箇所に着目する。短い語句でもよいし、半頁あるいは一頁以上の場合もあろう。切片化をせず、データの中のコンテキストを重視する点との関連で言えば、ある程度のまとまりに着目することが大事である。分析テーマによって方向性が示され、人間行動と相互作用に関わる何らかのうごきを明らかにしようとするわけであるから、断片ではなくある程度のまとまりに着目できると、分析焦点者の視点にたって「これはその人にとってのどのような経験のことなのか？」「こうした行為の意味は一体何なのか？」と考え、そこにあるコンテキストを解釈するのである。コンテキストとはデータにある単語の意味でもないし、そのままデータに表現されているものでもない。そうした場合がまったくないわけではないが、ポイントは、データの背後にある意味の流れを読み取る点にある。深い解釈という言い方は、ひとつには、この点と具体的に対応している。だから、このやり方は分析テーマに関係のありそうな特定語句や表現だけをキーワード的に飛び飛びで拾い出していくコーディングではなく、データ全体に対して最初から読み進むことで、まずそこで語られていることを理解する。

例えば、服薬教育プログラムに参加した精神疾患患者を対象に薬に対する主体性獲得プロセスを分析テーマとし、そのプログラムへの参加患者を分析焦点者とした佐川（2001）は、データの

「……『これはおかしい』いうことで病院へ入って。で、こんなところに入ったら、どうなるんだろう、と思って。で、看護婦さんに頼んで『薬を飲みだしたら（症状が）取れることもできるから』いうて薬書を書いたんですよ。『入院費を自分で支払うことができないから、早く退院させてくれ』って……」という箇所に着目した。そして、その意味を、薬を飲めば症状が取れるから早く退院させるよう家族に頼むことではないかと解釈した。この部分に着目したのは分析テーマと分析焦点者の観点からデータをみたときの判断であり、薬についてのある一定の理解とそれに基づいての行動を意味していると解釈したからである。この判断はそれほどむずかしいことではないだろう。つまり、分析テーマと分析焦点者の設定をしておけば、データのどの部分に着目したらよいかはわかりやすいので、そのこと自体を心配する必要はない。最初は自分の判断を信頼することである。

　では、この例の場合、これで概念が生成できるかというとそうではなく、むしろこの着目と解釈が適切かどうかの検討はこれから始まることになる。最初の着眼はまだ、最初の取っ掛かりのデータ部分にすぎない。どういうことかというと、最初にひとつの具体例に着目しただけであるから、類似した例がデータにみられるかどうかをチェックしていかなくてはならない。後述するように、服薬を約束に早期退院を家族に頼むことをひとつの具体例とするが、同じような例が他にもみられるかどうかをデータで確認していく。そうすると、退院後にアパートを借りるときに不動産屋に自分が自己管理ができ社会的責任も大丈夫であることを理解してもらうために「ちゃんと薬を飲んでいる」ことを表明したり、仕事に就くときにも服薬ができていることを説明しているといった例が見られた。これらは共通して、薬を飲むことの意味がわかっていてそれを条件に他者とのやり取りをしていることである。そこで一定のヴァリエーション（具体例）が確認できたので、これを「薬の効果について知識があり、服薬を条件に他者と取引をすること」と定義し、概念名を〝服薬条件化行動〟としている。

このようにデータのある箇所に着目し、その意味の理解から類似例の比較を他のデータに対して行い、その結果により概念を精緻化していくのが修正版の基本的な流れである。さらに概念としての完成度を上げていくために類似例のチェックと並行して、対極比較でのデータチェックを行なっていく。この作業は概念生成における理論的飽和化まで続ける。この場合、患者本人は服薬の意味を理解しそれを前面に出して他者とのやり取りを行なうと定義して概念を生成したのであるが、理解があっても逆にそのことを取引材料にしない、あるいは、服薬を他者に知られないように努力することはないのかどうかを確かめる。分析対象としたデータに関して該当例がなければ、対極例の比較検討の結果そうした例はみられなかったことを分析結果として記録しておく。一方、職場の同僚には服薬していることを気づかれないようにしているといった該当例があれば、「条件化行動」とは異なるタイプの薬に対する主体性を示す可能性があると判断し、そうした例がほかにもあるかどうかデータをみていく。さらには、もうひとつの比較対象として、同じ服薬教育プログラムに参加した患者の中で薬に対して主体性と呼べるものが獲得できた人たちだけを最初は取り上げたとしても、実際には主体性を獲得できなかった参加者たちもいるわけであるから、そのグループについても分析が必要となる（佐川、2003）。これは、集団としての対象者の対極比較である。このように〝服薬条件化行動〟という一つの概念を生成していくことは、比較法を導入すれば次々と付随して解釈上のアイデアが湧いてくるのであり、それを一つひとつデータに対して確かめていく。だから、ひとつ概念をきちんと生成できれば、後は同様の作業となるので分析は誇張ではなくワクワクするものになるのである。

データのある箇所への着目からの分析、オープンコーディングにおける概念生成のプロセスはだいたいこのような進め方となる。分析といっても、決してむずかしいことではないことが理解できたのではないだろうか。少なくとも修正版の諸手順は、ひとつずつ自分の判断を確認していけば誰でも分析ができるよう工夫されている。

もう一例を挙げると、特養（特別養護老人ホーム）の新入居者の施設環境への適応に関して、分析テーマを新入居者とホームとの関係がポジティブに変化するプロセスとし分析焦点者を新入居者においた研究では、データの中のひじきの味についての部分に着目し、そこから分析を始めている（小倉、2002）。すなわち、データの「（食事の不満を言った後）ひじきの煮物だけは、私の味付けと全部一緒。……驚きました。こんなことってあるんですねぇ」という発言に着目し、ひじきの煮物が発言者とホームとをつなげるひとつの具体例ではないかと解釈した。小倉は単なる味付けの一例というよりも、その人なりのこだわりをデータのこの部分に感じ、それがホームの味付けと「全部一緒」という発言を、ホームと自分を関係付ける具体的な行為と解釈したのである。そうすると、味付け以外のことで、入居後まもない高齢者が自分と新しい環境であるホームとを関連づける例がないかどうかデータで確認する。その結果、該当するデータがなければ、この解釈は概念にまで発展していく可能性はなさそうだと判断する。この例では他の入居者のデータをみていくと、次のようなことがわかった。以前住んでいた家の庭に咲いていて自分も好きだった苧環《おだまき》の花がホームの庭にも咲いていることに気づいたという例や、入居してホームの宗派が自分の家の宗派と同じであることを知ったといった例など多様な場合がみられた。一定のヴァリエーションが確認できたので、定義を「入居前までのその人自身の生活史の一部とホームの環境とをつなぐ素材」とし概念名を「生活史素材」とする概念を生成している。言うまでもなく、入居者の中には生活史素材によるホームとのつながりを持たない人や持とうとしない人もいるし、つながり自体を自分から形成しようとしない入居者もいるであろうが、この研究では分析テーマを新入居者とホームの環境がポジティブに変化するプロセスの解明に設定したので、それ以外のプロセス、あるいは、つながりを形成できない入居者を対象とする分析は、新たに分析テーマを設定し分析を行なうことにつながる。

　以上要点を中心にデータのある部分への着目から概念生成の流れをみたわけであるが、データのどこに着目するかはその人の判断による以外には方法はない。修正版はその判断がしやすいように分析テーマや分析焦点者の設定をしている。とはいえ、判断であることには変わりないし、それは最初の着目だけでなく類似例や対極例の判断も同様である。適切さの評価はありえても正誤の問題ではないので、これは相対的なものである。それを主観的であるとか、厳密さに欠けるとか、あいまいであるとして批判するのであれば、同じ分析テーマに対して他にどのような分析法があるかを提案すべきである。

修正版M-GTAの方法の方がより自然で、無理のない解釈を試みられるのである。データの着目部分は概念のひとつの具体例という位置づけになるものであるから、仮に見落としたとしても他のデータ部分から始まった分析により後にチェックにかかることもあるし、複数の概念生成を同時並行で進めるので重要性の高い例になるものであれば見落としていても分析過程で確認できる可能性が高いといえる。理論的サンプリングが稼動するためにはデータからの最初の解釈が必要となるのだが、データのどの部分に着目するにせよ、修正版の手順で進めば、まったく見当はずれということは考えにくい。もしひとりでの分析に不安があるのなら、先に指摘したようにグループで一緒に始めればよいから、いずれにしても動き出すことはできる。比較の基点となる解釈があれば、いろいろな問いのアイデアが出てくるし、それをデータで確認していく。そのときに理論的サンプリングが稼動するのであり、比喩的に言えば、探すべきものをはっきりさせ、データに対して探索のレーダー照射をかけるのであるから、データとの対応関係は密度が上がっていく。修正版の解釈上の特性の一つは多重的同時並行思考であるが、こうした探索的レーダー照射をいくつものレベルで同時にかけていくとイメージしたらわかりやすいであろう。

第六節　再び、分析テーマとの関連

ところで、前節では分析テーマがすでに設定されている場合を前提にデータへの着目から概念化の仕方をみてきたのであるが、実際には最初の頃の分析は分析テーマの確定作業と一体となりやすいのであり、そのためなかなか概念生成ができないことがある。この点はすでに指摘した。ただ、すべてこのような展開になるというのではなく、分析テーマがはっきりしていなくてもこの段階でその確認作業ができると考えればよい。分析テーマについて説明した章とつながるのだが、ここでなぜそうなるのかを明らかにしておこう。データの分析はある箇所への着目から始まるのだが、「なぜそこに着目したのか？」「その意味は、何だろうか？」と考えるとき、分析テーマに表現として入れておいた「プロセス」とは研究対象とする現象のどのような〝うごき〟に対応するのか、また、そのうごきに関連して何を自分は明らかにしようとしているのかを同時に確認するからである。

この確認作業のメリットは、分析焦点者は通常はっきりしているから問題ないが、分析テーマの確定と最初の概念生成がほぼセットで行なえる点にある。つまり、概念の創り方がわかるだけでなく、分析テーマにより分析の方向性がはっきりすると、自分が創った概念が一部となる分析結果について同時に推測することができる。こうした考え方を分析の最初から最後まで続けるのであり、修正版M-GTAで強調している思考特性である。そして、そうした展開になるかどうかは分析テーマの設定と密接に関係しているということなのである。データの解釈のときだけでなく、ここでも理論的センシティビティが試される。

そこで、もう少し分析テーマについての例を挙げておこう。以下の2例はともに修士論文として行なわれた研究である。老年看護学生の実習での学びを研究テーマとした西村（2003）は、学生たちが実習での経験から何を学んでいるのかに関心をもち、実習中毎日印象に残った場面を所定の用紙に記述しておいてもらい、その後にその内容について面接を行い、データを収集した。実習から学生が非常に多様なことを学んでいるということは経験的に知っていたので、このような研究テーマを最初に考えたのだが、「学び」とデータの内容との間には開きがあるので、分析テーマに絞り込むこととした。上記のようなデータの特性と研究テーマに表現されたもともとの問題意識を踏まえると、学生と受け持ちの高齢患者との相互作用が中心であるので、分析焦点者を実習学生とし、分析テーマを「受け持ち患者の「受け止め」と「働きかけ」のプロセスの研究」とした。学生は実習という不慣れで緊張を強いられる状況の中で相手を理解しようとするだけでなく、それに基づいて相手への働きかけを行なうのであるから、その相互のプロセスを明らかにしようとした。実際の現象としての実習は老人保健施設や特養で2週間にわたり行なわれたわけであるが、ある時期に始まり、ある時期に終わるものである。それに対して、その間の学生たちの経験を「受け止め（理解）」と「働きかけ（行為）」の相互関係の観点から明らかにしようとしたのである。ある特定の高齢患者を受け持つということの研究が対象とした実習の現象特性は、学生から見ればケア施設という環境で、それまで知らなかった人間（受け持ち患者）と実習期間を通して比較的密度の濃い関わり合いをし、相手を理解しつつ看護として必要な働きかけを行っていくところにある。これが現象特性である。それゆえに分析の方向としては、「受け止め」と「働きかけ」がどのように行なわれ、相互に関連しつつプロセスを形成するのかという視点が、研究テーマからの展開としても、また、データ内容との適合性（fitness）からも適切ではないかと判断されたのである。ここで抑えておきたい点は、実際の現象は時間的に推移していくが、分析によって明らかとなるプロセスは必ずしも現象の時間的展開と同じとはならないということである。分析焦点者を中心に分析しているのであるから、現象の変化にそって変化する部分もあれば、理解や認識のように時間の流れと直接対応せずに生ずる面もあるからである。

言うまでもないと思うが、ここで説明していることは最初にデータの分析をするところでのことで、分析の方向性についてである。ここまでの設定ができると、データの中にあるどのコンテキストに着眼したらよいかははっきりする。現象特性としてのうごきと分析テーマに組み込むプロセスを理解することの重要性は何度でも繰り返して確認すべきことである。

もうひとつの研究例である。養護教諭の役割や保健室の空間的意味に問題意識をもった酒井（2003）は、とくに身体の不調や相談などの明確な目的はないが「なんとなく」を理由に頻繁に保健室に来室する生徒たち（保健室頻回来室者）に関心をもち、彼らにとっての保健室の意味についての研究を行なった。この現象を取り上げた理由と分析プロセスの設定を、次のように述べている。

おそらく養護教諭にとって頻回来室という現象は気にはなるものの、取り立てて意識するようなことではなく、まさに日常性に溶け込んだ現象であると思われるからである。頻回来室は生徒の意志による自発的行動である為、繰り返し行動を起こすにはそれ相応の理由があるはずである。従って、頻回来室者に着目し、頻回来室者の保健室認識変化のプロセスおよびこの現象に関わる要因を明らかにすることは、頻回来室という現象の理解、および養護教諭の役割や保健室という空間の意味について考えるうえで大変貴重な示唆が得られると思われる。(酒井、2003, p. 2)

つまり、休憩時間や昼休みなどにとくに用事があるわけではないのにちょっと顔を出したり話したりと短時間の関わりをしてまた教室に戻っていく生徒たちの行動を取り上げ、そうした生徒たちにとって保健室はどのような意味をもつ空間であるのかを明らかにしようとした。現象特性としては学校の中をまるで〝回遊魚〟(あまりいい表現ではないかもしれないが現象をイメージすれば)のように、「なんとなく」しかし頻回、保健室に立ち寄る生徒たちの行動がある。それに対して、彼らにとって保健室の意味はどのように変化しているのかを分析テーマとしている。

現象特性と分析テーマの関係が理解できたのではないだろうか。まだよくわからない部分があれば、もう一度ここまでの説明を振り返って確認しておく。

第七節　データから概念化の方法——ひとつの概念を創る

データのある箇所に着目し、その意味を解釈して概念の生成を始めていくのであるが、その関係を5点にまとめて説明する。

第一に、修正版M-GTAではデータから直接概念の生成を試みるわけだが、いきなり概念そのものを考えるのではない。データのなかで着目した部分の意味をまず考え、それを適切に表現する言葉は何かという順序で検討する。初めに概念ありきではなく、初めに意味の解釈作業がある。修正版におけるオープン・コーディングのオープン化を説明を思い起こすとわかるように、このとき解釈可能性をていねいに検討し、その中からもっとも妥当すると判断されたものを解釈として採用する。これが最初の定義案になるのだが、それを概念として命名する。しかし、解釈が明確になってもその意味にピッタリの言葉はなかなか思い当たらないものである。それゆえに、名付けの作業が結果の説明力と関係してくるのである。納得できるコトバが見つからないときは、取り敢えず仮の言葉をおいて後に確定する。表現したい意味が言葉とフィットしない、このときのモヤモヤした状態は大事な経験的要素であることに留意しよう。

第二に、データを解釈し抽象的意味を考えること自体が最初はむずかしいので、ひとつの方法としては、抽象的概念の生成ではなく、in-vivo 概念を先に検討することも検討してよい。in-vivo 概念とは、データ中の言葉や表現そのものを分析概念としたものであり、グラウンデッド・セオリーに特徴的な二つの概念タイプのひとつである。これはデータの指示的部分をそのまま概念にすることなので、その部分の意味を解釈できれば自動的に概念が得られる。例えば、グレーザーとストラウスの最初のモノグラフである『死のアウェアネス理論と看護』(1989) では、終末期患者に対して治療行為がなくなったことを示す概念として「もうすることがない」があるし、精神疾患のある患者が薬について語った「秘密の薬」という表現を in-vivo 概念としている研究もある（佐川、2003)。

もっともここでの提案は多分に訓練的なもので、in-vivo 概念の活用は簡単そうでむずかしいものである。また、in-vivo 概念はある特徴的な現象をピンポイント的に捉えることで説明力をもつタイプの概念なので、多様性の説明には向かない点にも注意が必要である。

第三には、概念はある断面を捉えたものだが、その捉え方はできるだけ動的であった方がよいということである。ニュートラルな言葉よりも、なんらかのうごきを説明できる言葉の方が望ましい。研究対象自体がプロセス的特性を有する場合が実際多いわけであるから、あるいは、そうした特性のある現象に対してこの研究アプローチは有効なのであるから、この点の理解は重要である。さらに言えば、単に記述的な言葉は発想を次につなげるというよりも、分析の勢いを止める方向で作用するものである。ではどうしたらよいかというと、社会的相互作用に関する研究であれば当然行為者が絞られているから、その人間を主語化して解釈すれば動的概念を生成しやすいのである。すでに説明したように修正版では分析焦点者を設定しているから、自動的にそうした視点で解釈しやすくなっている。

第四に、生成する概念はあまり一般的すぎないように注意することである。例えば「〜の特性」「〜の事情」「〜と〜の関係」などのような言葉は、取りあえずの分類になってしまい動的な意味がない。つまり、データからも離れすぎてしまっている。一般的な言葉になればなるほど確かにデータの意味は包括されるから安心できる。しかし、今後は逆に、自分が出した言葉の方からそれが説明できるであろうことを考えると、あまりにもその範囲が広く漠然としていることに気づくであろう。自分の生成した概念の側からデータのどの部分を説明できるかを、確認できなくてはならない。そうすれば、データから離れすぎる危険は防げる。〝データから概念へ〟は、次には〝概念からデータへ〟というベクトルにより、その都度自分でチェックできるのである。fit & work から検討するのである。

第五点目は、図2－7で示してあるように、データの中で着目した箇所（指示的部分。I は indicators の頭文字）とその解釈から概念を生成するのであるが、そのときに考え方があるということである。この図は前著のもの（木下、1999, p. 239）を若干修正したものである。前著では図中の概念のうえにプロセス的特性をおき、そことの相互関係を検討するとしていたが、本書で

図２－７　概念生成のモデル：データと概念の関係

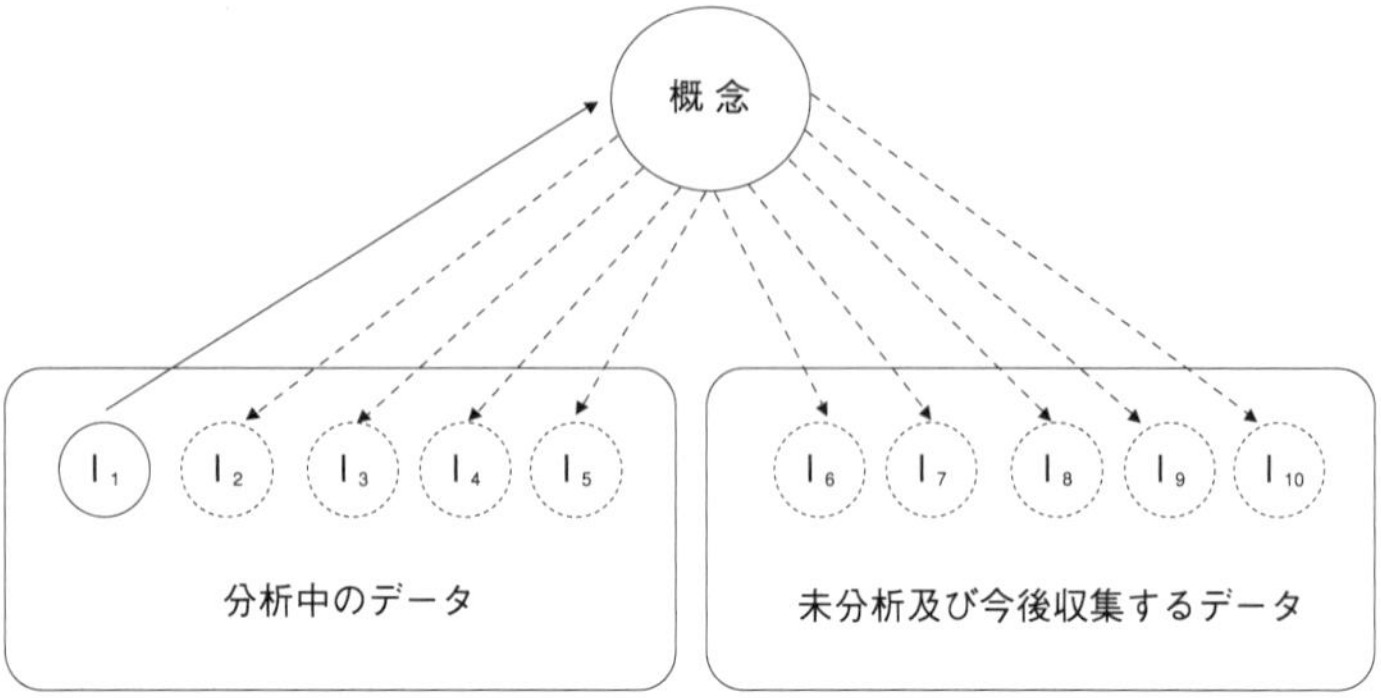

はその部分は分けて図示し、詳しく後述する。

さて、ここでの意味であるが、図の実線の矢印がデータで着目した箇所から生成する概念への関係を示しているが、その概念から未分析、未収集のデータの側に向かって多くの点線の矢印が向かっている。分析の最小単位である概念は一定程度の多様性を説明できなければならないということ、また、それを可能ならしめるところでデータのもつディテールの豊かさを活用する分析法であることなどはすでに説明してある。この図の矢印関係は、データの指示的部分から概念を生成するには「一から十を創る」式の包括的考え方を表しているのである。どういうことかというと、ひとつの指示的部分から概念の生成を試みるとき、きっかけとなったデータ部分だけでなくそれと同種のまだ見つかっていない残りの九つのデータがあると考えて、合わせて十の部分を説明できる概念を考えると言うことである。そして、さらにデータの分析を進めるときに点線矢印に該当する具体例があるかどうかをチェックしていく。つまり、最初は類似例を中心に理論的サンプリングを稼動させるのである。

この部分は理解しやすいのではないだろうか。分析中のデータの指示的部分からそれを説明できる概念を考えるときに、それだけでは一対一対応になってしまうので生成する概念の説明力もそこにかぎられてしまう。図2－1でみたようにグラウンデッド・セオリーの特徴は変化する人間行動、社会相互作用の説明力にあるのであるから、一対一対応の概念をいくらたくさん創っても説明力のある解釈とはならない。だから、概念生成を始めるときには、手持ちのデータのなかでまだ出てきていない指示的部分や今後新たに収集すべきデータを推察しながら、具体例が複数対応となるように概念を考えるのである。

言うまでもなく、ここでいう九つとは喩えであって具体例が十個揃わなくては成立しないという意味ではない。この喩えの意味はある程度の類似例がなければ、そもそもその概念の説明力はないことになるからである。データを比較的にみていき類似例を検討する作業であり、オープン化の特徴である。一方、比較にはもうひとつ対極例の検討があり、これは概念の説明範囲を確認していく作業である。収束化の特徴であるが、これについては分析ワークシートの説明と一緒に次節で行なう。

概念生成のコツは、簡単に概念を創らないことである。データのある箇所に着目し、そこの意味を解釈するときすぐにひとつの解釈に落ち着くのではなく、幾通りかの解釈を検討する。つまり、解釈の可能性をできるだけオープン化する。先に述べたグループでの作業はこれを一緒にすることである。切片化をオープン化の方法とする他のグラウンデッド・セオリー・アプローチと異なり、修正版M-GTAでは【研究する人間】が着目したデータの解釈においてオープン化を行なうのである。この方が解釈を深めることができ、独自性のある概念ができやすくなる。このときに採用しない解釈案は分析ワークシートの理論的メモ欄に必ず記入しておく。

最初が肝心ということなのだが、簡単に概念を創ってしまうと分析全体があいまいになり、判断の適切さについて自分で判断できなくなる。分析全体の緻密さがここで決まってしまい問題が生じると考えてもよい。まず、概念の意味の検討が十分でないままに、そこでデータから分離してしまうからである。データの側から概念の側に視点の切り替えを行なうことになるから、切り替えても大丈夫であるという判断がないとそこで分析はコントロールがあやふやになってしまう。また、理論的サンプリングもあいまいにしかできないことになる。あいまいな解釈に基づく比較対象の検討になるからである。しかも、こうした作業は分析の最初のところになるので慣れないとむずかしいことのように思われるかもしれない。そのときは、グループで一緒にやればよい。解釈の検討をていねいにおこなうこと、すなわち、オープン化をしっかりしておくことの重要性を、別な言い方で強調すると、採用する解釈案だけでなくそこで検討した他の解釈案も頭に残るのでその後にデータをみていくときに関連する内容があるかどうかを自然にチェックしていけるということである。私たちはただデータだけを見ていけば何かがわかるわけではない。データをみていくときに自分の中に視点がないと関連がありそうな箇所にも気づくことができないのであり、オープン化をしっかりしておくことでその〝視点〟をたくさんもっておくのである。これは、採用する解釈案に基づく理論的サンプリングのことではなく――それはすでに十分説明している――、その妥当性を外側からチェックしていくためにデータをみていくことである。

関連してもう一点指摘しておくと、一般的コーディング法と切片化を組み合わせてグラウンデッド・セオリー・アプローチの分析であるとしている場合、形式的には coding & retrieval と grounded on data の分析になっているのだが、データからコード（概念）への移行が簡単になされてしまい、それによってデータから離れてしまうことになる。そうすると、数だけ幾らたくさんコードを作ってもそこから先の作業はあいまいさ、不確かさの屋上屋を架けることになりかねない。そうではなく、データにはいつでも直接的に立ち戻れるようにしながらも、検討の結果ひとたび解釈したら「データは捨ててもよい」つもりになって、視点の切り替えを行なうのである。

第八節　概念の継続的生成

修正版 M-GTA の分析は幾重かの包括的思考を同時並行で駆使していくのだが、前節の説明はひとつの概念を創る場合についてであった。ここでは次に、概念を続けて生成していくことを取り上げる。

図２－８　概念生成モデル：概念が着想されたら

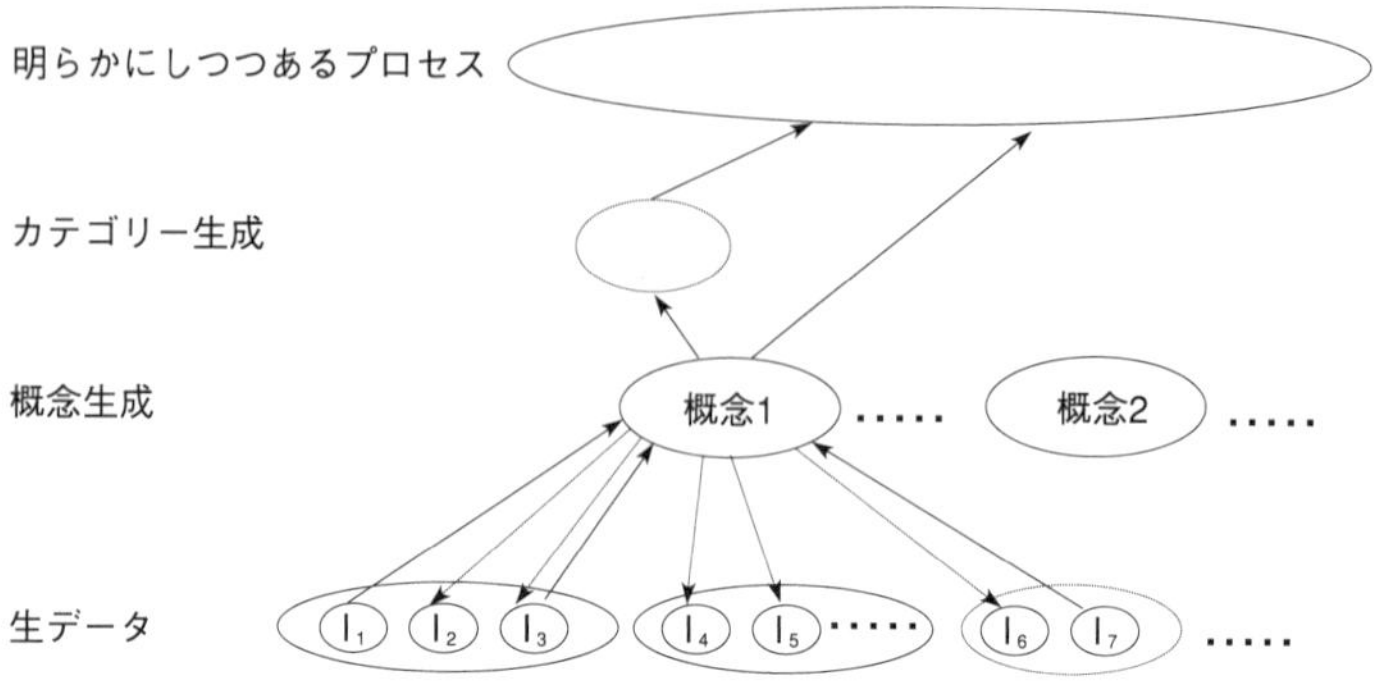

この図はデータから概念が生成されるときに、同時並行で検討すべきことがらを示している。データのある箇所への着目から概念を生成することについては説明したが、そのときにその概念と深く関係してきそうな概念や、複数の概念の関係で構成されるカテゴリー、あるいは、最終的に明らかにしていけるであろうプロセスとの関連を推測的、包括的に考えてみる。すぐに具体的にアイデアが浮かばなくてもよいが、まずこの考え方に慣れる。図２－７でみたのは、データの着目箇所から概念を生成するレベルでの推測的、包括的検討のことであった。ひとつの具体例をもとに、まだ確認できていない他の具体例をも推測しながら、それらを全体として説明できるものとして概念を生成しようとするレベルの説明であった。図２－８でのデータのレベルと概念生成のレベルは図中の概念１がすでに他の具体例による確認作業が数例のデータから行われていることを指している。

データと概念生成のレベルの間のポイントが、概念からデータの方向への下降的検討であるのに対して、このとき同時に、概念を基点にカテゴリーや研究結果となるプロセスのレベルまで上昇的検討をも行なうということである。両方向で推測的、包括的思考を駆使する。むろん、そのように考えたからといって最初からアイデアが次々に浮かんでくるわけではない。始めは、考えても取り付く島のない感じである。それで良いのだが、この考え方が分析全体の推進力となっていくので最初からその形を取り始めるということである。この考え方は〝相手探し〟の論理的方向性を特徴とするから、データとの確認作業を介して関連性を創り出していく。理論的サンプリングや継続的比較分析を作業的に言い換えるとこのようになるのだが、修正版の諸手順と合わせてこの思考法を徹底していくとほぼ確実に分析は進み始める。

ところで、図2－8で重要な点は、同じ方法で二つ目、三つ目と次々と概念を生成していくことである。今まで述べてきたひとつの概念を生成するプロセスと同じプロセスで、他の概念を生成していく。データをみながら、最初の概念についてその具体例となるものの有無、逆の具体例の有無を検討していくのだが、新たにデータを見ていく中で別の箇所に着目し、そこから同じプロセスで次の概念を創り始め、さらには、また別の箇所への着目から新たな概念の生成を始めるというように、個々の概念を完成させていく作業と新たな概念を生成する作業とが並行して進められる。そして、それぞれについて、下降、上昇の両方向での推測的、包括的思考を行なう。しかも、ここはまだオープン・コーディングが主体の分析段階なのである。言葉で説明すれば、さしずめこのようになる。

途方もなく複雑で困難な作業のように思われるかもしれないが、実際には逆でオープン化を徹底しながら収束へと向かうことになる。まったくばらばらの作業ではなく、論理的に相互に関連し始めていくからである。しかも、データに密着した（grounded on data）分析であることは自分の解釈の適切さをデータとの対応で確認できるのであるから安全装置がついているようなものである。

第十五章　分析ワークシートの作成

第一節　分析ワークシートの目的

修正版M-GTAでは実際の概念生成は、分析ワークシートと呼ぶ書式を使って完成させていく。ワークシートは概念ごとに作成していくので、概念の数だけできることになる。したがって、オープン・コーディングの結果は分析ワークシートとして具体的な形になる。これと並行して、個別概念以外の分析上のアイデアをまとめた理論的メモ・ノートをつけ始め、後に選択的コーディングの検討結果をこれに記録していくのだが、これについては後述する。

図2－9がワークシートの書式であるが、概念名、その定義、具体例であるヴァリエーション、理論的メモの四つの欄で構成される。

分析ワークシートは、このようにデータとは切り離して別に作成するものである。まず指摘しておきたいのは、分析ワークシートは表計算ソフトで作成しないことである。これには二つの理由がある。第一に、この種のソフトを使って一般的コーディングを行なう例が多いからである。しかも、その方式でグラウンデッド・セオリー・アプローチのコーディングとしている場合もあ

図2－9　分析ワークシートの例

概念名	
定　義	
ヴァリエーション（具体例）	・ ―――― ・ ―――― （追加記入していく）
理論的メモ	・ ――――

るからである。データを左に置き、コーディングの結果を右側においていく方式と修正版M-GTAの方式が決定的に合わないのは前者ではデータからの分離が不十分にしかできない点にある。

第二に、それとも関連するが、表計算ソフトが前提としているフォーマット性が解釈による分析とは認知的に馴染まないからである。バラバラに創り始め、関連をていねいに検討していく作業が、このフォーマット性では最初から連続的になってしまうからである。例えば、同じシートで複数の分析ワークシートを作成するのはよくない。相互の関連性がないのに横並びに続いたりするのは効果的ではない。

修正版は「一概念一ワークシート」とし、ワークシートの内容は分析を進める中で決まっていくので記述量にはバラツキがでる。そして、ワークシートごとに関係をみていくので、各ワークシートが比較の単位として同じように個別的な形である必要がある。これが連続性を前提にしている表計算ソフトとは相性が悪いのである。よって、ワークシートは文章ソフトでひとつずつ作成する。

分析ワークシートの目的は、「データから概念を生成するが、概念ができればデータは捨てる」という言い方で説明した修正版の分析特性を具体的に作業化することにある。【研究する人間】による解釈を重視し、そのメリハリをはっきりさせるために解釈ができたらそこでデータ全体から離れるのである。この分離により比重をデータから生成した概念の側にシフトする。つまり、修正版では解釈によりデータとの分離を〝強制〟することで、解釈内容なかんずく生成した概念のレベルに分析上の力点を切り替えるのである。これを実際の作業として行なうわけで、分析はワークシートを中心に進めデータは用済みとしていく。

復習をかねて、図2-6を振り返ってみよう。修正版では分析の最小単位を概念としデータの解釈から生成するものはすべて概念とすることで、データとの距離を常に一定とする。コードを階層化する方式よりも、解釈結果とデータとの密着度を同水準で徹底する。同時に、解釈の主体を【研究する人間】として明確化することでデータと概念の関係に非連続性を導入する。視点の切り替えはこれによって可能となる。それを具体的な形にしたものが、分析ワークシートなのである。

その際、コーディングの基本的要件としてのcoding & retrieval、つまり、自分の解釈内容ともとになったデータ箇所の関係がたどれることをどのように確保するかであるが、修正版では分析ワークシートの中に記入していく。次節をみるとわかるようにこの方式のほうが、生のデータの欄外にコーディングの結果を記入し、その後の分析がどのように進められたかがよくわからない場合に比べて、手順としてもわかりやすいし、分析方法としての論理性も明確となる。

第二節　分析ワークシートの書き方

分析ワークシートの各欄を説明するが、その前にそれぞれの作業としての時間的順序に触れておく。このワークシートの完成が概念の完成を意味し、それはその概念に関して理論的飽和化に達したと判断できるということである。修正版では理論的飽和化の考え方を、分析結果全体に対してだけではなく、もうひとつのレベルとして概念についても適用する。そうすることで、生成する概念の説明力とデータへの密着性を確保する。

次に、ワークシートの作成の流れであるが、最初の記述はどこから始まるかというと、分析はデータのある箇所に着目しその意味をいろいろと検討する形で始まるので、ワークシートに最初に記入するのはデータの着目箇所となる。これを、ヴァリエーション欄に記入する。次に、検討の結果、採用することにした解釈を定義欄に記入する。それ以外の解釈案で重要なものは理論的メモ欄に記入する。そして、定義を凝縮表現したコトバを概念欄に記入する。

概念欄に入るのは、単語かそれに近い程度の短い表現である。データから概念を生成する方法についてはすでに述べてある。概念の命名はむずかしいもので、その人の言葉のセンスも関係するので、徐々に習熟していけばよいことである。データとの対応関係が直接的に問われてくるので、fit & work、データと対応していて現実の説明にも有効であるという基準で、できばえを自己判断する。すでにオリジナル版においてグラウンデッド・セオリーを構成する概念とは内に論理的意味をもち、外に対してはわかりやすさと独自性をアッピールできるものと説明されている。凝縮表現となるため、仮に自分では納得して命名しても論文を読んだ人は同じように理解してくれないことも珍しくない。データとの対応関係を重視すればインパクトの弱いコトバになりやすいし、逆に、独自性を強調しようとすると唐突な印象を与え違和感、ときには拒絶感を引き起こすこともある。兼ね合いがむずかしい問題であるが、概念生成の方法を理解しまずは自分が納得しやすいことを目安に挑戦する。

そのためには一にも二にも、定義、つまり、概念が意味すべき内容がはっきりしているかどうかである。定義については次に述べるが、意味内容をはっきりさせた上で最初は仮の形でも良いが必ず概念名を記入しておくことである。なぜなら、一語かそれに近い短さである意味を考えること自体が重要な解釈作業だからである。

定義の部分が固まってきてもそれを的確に表現できるコトバが見つからずモヤモヤ、イライラすることがあるが、これは非常に健全な状態と考えてよい。フィット（fit）感が働いているときなので、そのときにうまくいかなければ仮命名としておく。生成した概念への確からしさや手ごたえ感はこうした試行錯誤から自分なりに納得できる概念の名づけができたときのものであり、分析に対する自信につながるものである。

ただ、注意が必要なのは命名がうまくいかないときすでに研究概念として確立されているものを借用しようとすることである。これはやめた方がよい。社会学や心理学には人間の行動を説明する概念は非常にたくさん蓄積されており、それらは説明力という点でもパワフルである。したがって、自分が概念生成するときに定義、表現したい意味と関連した概念は探せばおそらく確実に見つかるであろう。しかし、自分が分析しているデータに密着しているという保証はない。むしろ、その概念の有している意味の範囲の方が広すぎてしまい、分析中のデータとずれてしまう可能性が高い。また、分析結果を理解してもらうときに、そうした概念が突出した関心を呼び込んでしまうことも起こりうる。やはり、所定の手順で進み自分で概念を命名するのが最善である。

すでに理解されていると思うが、修正版M-GTAにおいて分析の最小単位とする概念、最終的な分析結果であるグラウンデッド・セオリーを構成する概念とは、データの解釈から生成された仮説的なものであり、その概念を用いることで人間行動や社会的相互作用の一定の多様性を説明でき予測できる点にある。ひとつの概念が厳密にひとつの特定の現象を説明するという自然科学的理論における概念とは、異なる種類のものであることを確認しておこう。このことは次に述べる定義内容と関連するからである。

定義の欄には、自分が解釈した意味を短文で記入する。この内容に基づいて概念名が検討されることになる。概念は凝縮表現となるのでそれだけでは時間の経過につれて自分ですらその意味の記憶があいまいになったり、忘れてしまったりする。また、初期段階では概念自体がまだ仮で安定していない場合もある。そのため、解釈内容をきちんと記録しておく必要があるわけで、それがこの定義欄の目的である。自分がどのような意味で解釈したのかを文章化しておくことで、解釈の緻密さを維持する。この密度の一貫性と維持が、言うまでもなく、分析全体を引き締めていく。定義内容を短文表現することも実は簡単なことではないが、概念名よりは説明的にまとめられるので、解釈の内容は定義によって明確にしておく。

定義を書くときの留意点は、分析テーマと分析焦点者に照らしてデータを解釈するのでいわば主語が想定されている形となるから、解釈内容は名詞的ではなく動詞的に考えたほうが良いということである。むろん、すべての場合でそうでなくてはならないということではなく、この考え方にたつと解釈がなんらかの〝うごき〟として検討できること、そして次の点が重要なのだが、うごきとして捉えるとそれだけで完結するのではなく他の何かと関連していきやすいから（〝相手探し〟）、後に生成する他の概念との関係へと展開しやすく、分析プロセス全体にわたって解釈上のアイデアが活性化しやすいからである。

さらに慣れていくと、定義の表現に条件的内容をいれて記述しておくと、のちにヴァリエーションの内容と比べながら概念としての完成度を上げていくときに条件部分を調整することで効率よく作業を進めることができる。この点は、後述する。もう一点、先に指摘したようにひとつの解釈だけですぐに定義として採用するのではなく、複数の解釈を検討しその中からどれか一つを採用するので、採用しなかった解釈例の主要なものを理論的メモ欄に記録しておく。解釈可能性のオープン化として説明した点である。

定義に関しても自己評価と他者の評価がずれることは珍しくなく、自分では十分と判断して発表しても「定義が厳密ではない」といった反応を論文に対して受けることがある。こうしたときに考えなければならないのは、指摘にある厳密さや定義の意味である。修正版M-GTAの分析方法を理解しての指摘であるのか、そうでないのか、の判断は重要であり、後者の場合には分析方法、なかんずく概念生成の方法とそこでの定義の仕方を説明しなくてはならない。あるいは、修正版の方法を理解した上で定義の検討が十分ではないという指摘なのかもしれない。質的データの解釈だから厳密ではないという見方は一面的であって、修正版では着目したデータ部分について解釈のオープン化を行ない、そこで考えられた解釈可能性についてデータで確認していくのであるから、解釈の作業としては十分に「厳密さ」の要請には応え得るよう意図されている。必要があればその検討資料を提示すれば実際の分析過程を理解してもらえる。

次に、ヴァリエーション欄であるが、ここには概念生成の元になったデータ部分がそれぞれに分けて記入される。生のデータで着目された箇所が、抜き出されてこの欄に記入される。修正版では概念の生成をするときにデータからの分離を強制すると先に述べたが、データ本体から分離するが、完全に離れるのではなく元になったデータ部分をここに抜き出して記述する。Coding and retrievalは、直接的にはこの欄に記入されるデータ部分に対して、そして、データ本体とは記入されたデータ部分を介してたどれることになる。Grounded on dataとcoding & retrievalという先に挙げた2特性に基づきつつ、主客の視点を切り替えるわけで、それが分離強制の意味である。

したがって、ヴァリエーション欄への記入にあたっては、元のデータとの関係が必要に応じて後にたどれるよう、発言者をアルファベット化するか番号をつけるなどして誰のデータからであるか識別できるようにしておく[4]。当然、一人のデータからいくつかの具体例があり得るから、具体例ごとに書き出す。一方、抜き出すデータの分量であるが、着目した部分を全部ヴァリエーション欄に記入できることもあれば、ある程度のデータのまとまりを区切りとしたときのように全部は長すぎることがある。その場合には、始めと終わりの部分、そして間の主要な部分を挙げておく。どちらの場合であっても、とくに関連性の高いと考えられるデータ部分には下線、波線、他色、網掛けなどを利用して一目してわかるようにしておくとよい。この時に注意が必要なのは

（4）これを徹底するには元のデータに行番号をつけ当該箇所を行と頁で示すことだが、とくに必要でない限りそこまでしなくてもよい。手順を細かくすることよりもデータの解釈に集中できることが大事である。

抜き出して記入するデータ部分について厳選することである。その部分をみれば自分の解釈が思いおこせるぐらいはっきりとしていなくてはならない。したがって、ヴァリエーション欄の内容が何頁にもなることはない。

生成する概念は一定程度の現象の多様性を説明できる必要があるのだが、その判断はヴァリエーション欄がどのくらい豊富になるかをみればすぐに下せるようになる。どういうことかと言うと、最初にワークシートを創ったら、さらに新たな概念生成を進めながら、同時に、すでに生成を始めた概念に他の具体例がないかどうかを先のデータをみていくなかで検討し、出てくる毎に当該のワークシートに追加記入していく。だから、分析を進めていく中でヴァリエーションがあまり出てこなければその概念は見込みがないと判断し、他の概念に包含させるよう調整するか概念化を断念する。対照的に、ある程度の多様性がそろってくると概念として有望であると考える。また、ヴァリエーションがたくさんありすぎるようだと、全体を再検討し解釈内容を絞り込む方向で定義や概念名を再考する。その結果、ふたつに分けて概念化することになったりする。

この関連で付け加えると、データについての章で触れたようにベース・データに関しては大方の内容が頭に入っているので、分析の際に推測的に考えるだけでなく実は他の具体例をそのときに思い出せる可能性があるということである。むろん、誰のデータのどこに該当部分があるのかまでは思い出せなくても、それは後で調べられるのでメモしておけばよい。最も大変な最初のところで、分析を促進できるという効果がある。

修正版M-GTAの分析の要点はデータのある部分への着目から始まる点にある。最初はひとつのデータ部分の解釈から始まり、「一から十を創る」の喩えのように他の具体例を推測しながら、ワークシートの作成に入る。その後、新たな具体例が追加記入されていく。当然、最初の着目だけでなく、その後の着目箇所も【研究する人間】の判断に拠る点では同じである。修正版はこの判断ができるだけ的確に行なえるよう工夫されているが、【研究する人間】の判断である点に不安を感じるかもしれない。そうした読者には修正版の手順をよく理解してもらいたいと答える以外にないのだが、分析方法として重要なことは、自分の判断を自分でチェックできるように工夫されていることであって、判断を代行することではない。

データを切片化し、ひとつずつ解釈の可能性を論理的関連性だけを軸に最後までやりきることの大変さや、一般的コーディング方式にしてもたくさんのコードをとりあえず作るにしてもその後のまとめ方の大変さと比較してみると、修正版の方式の方が全体としてもバランスがとれていて自然であり無理がなく、それゆえ理解しやすく実行しやすい。

次に理論的メモ欄であるが、そこに記入すべき内容についてはすでに触れてきたが、要するに、解釈の思考プロセスをもっともよく記録したものがこの欄の内容になるということである。定義とはならなかった他の解釈案や解釈の際に浮かんださまざまな疑問、アイデアなどを記入していく。分析を始めた段階では、分析テーマや分析焦点者を踏まえつつ、解釈可能性のオープン化、すなわち、できるだけ多角的な解釈が検討されるから、理論的メモの欄にはたくさんのことが入る。まだ分析がどの方向に、どのように収斂していくか分からないからである。同時に、継続的比較分析の具体的な進め方として、生成した概念とその元になった具体例について推測できる対極例や類似例についても、その都度記入していく。理論的サンプリングは、ここからうごき始める。この欄には、したがって、解釈の思考プロセスがメモの形で記録されるから、つまり、自分の思考を作業として外在化していくので、自分の解釈について自己判断がしやすいし、それが内容的にも量的にも豊富になれば解釈が順調に進んでいることになる。

理論的メモの重要さは、オープン化によりデータをみていく視点をできるだけたくさん用意すると言うこともできる。これらが全体としてデータへの着眼点を形成していくからである。とりわけ、まだデータとの確認ができていない初期段階で解釈可能性、疑問、アイデア等々をたくさん出しておくことの意味は大きい。分析を促進させるだけでなく、理論的メモ欄の内容は分析をまとめていくときにも貴重な資料となる。少し先回りして言うと、最終的に報告する分析結果としてのグラウンデッド・セオリーはそれだけが分析結果なのではなく、その過程でさまざまな解釈の可能性が検討されデータとの対応で判断され、その中でまとまっていったものであることが確認できるからである。分析結果として前面には表現されないが、分析過程で検討されたすそ野に相当する。なぜこうしたことを述べるかというと、分析が軌道に乗って進むようになると、つまり、選択的コーディングの作業に進むと、最初の頃にいろいろと検討したことを自分でも忘れてしまうからである。分析結果がまとまればそれはそれでもいいのだが、実は論文に書いていくときの理論的メモに残された以前のアイデアや疑問などが貴重な資料になる。

　なお、理論的メモ欄への記入は箇条書きとし、自分の記録のためにも各項目の最後に日付を入れておいてもよいだろう。ワークシートの大きさは、ヴァリエーション欄と理論的メモ欄への記入の分量によって膨らんでいくが、パソコン上での作業なので増えても問題はない。

第三節　分析ワークシートの例

　図2－10と2－11はともに実際のワークシートを示している（酒井、2003）。この研究は保健室への頻回来室者、すなわち、休み時間などに体調不良や怪我などの明確な来室理由がないにもかかわらずちょくちょく繰り返し保健室に来る生徒たちを対象に、彼らにとって保健室がどのように受け止められているのかを明らかにしようとしたものである。

　図2－10をみると、概念名の横の数字はこれが20個目に生成された概念であることを示している。ワークシートは概念名、その定義、そしてヴァリエーション欄にはデータからの具体例がそのまま記入されている。この概念では№1（面接対象者、以下同じ）のデータからたくさんの具体例が見出せたが、それだけでなく№2や№9や№13のデータからも該当部分が抜き出されて記入されている。データの中でカッコの部分は調査者の発言である。最後の欄は理論的メモである。

　図2－11は22番目の概念で、養護教諭を長距離走における給水所のイメージで概念化したもの

図2-10　分析ワークシートの例："保健室ピアの自然形成"

概念名　20	保健室ピアの自然形成
定義	保健室に気のあう仲間がいることや、保健室にいるほかの生徒を仲間だと思うこと。
ヴァリエーション	No. 1「(どういう時に保健室に来ますか？)…あのー、ここに来ると一人か二人は絶対にいるから、まぁ普通に（＝保健室に来る)。」 「他の人たちと気が合うって言うか、話しやすい人たちばかりだったから楽しくて、結構ずうっと来てました。」 「でも保健室にいる人は自分とあった人がいるから、こう自分が思っても、なんていうんですか、他の人は（＝周囲にいる人は）普通の人（＝クラスメイト）だったら何か言うかもしれないけど、他の人（＝周囲にいる人）もちゃんと聞いてくれるっていうか。…（＝話をするとき）周りの人が保健室にいるほうが（＝いる人のほうが)、自分に、なんていうか、自分に似てるって言うか、そういうのがあるから喋りやすい。保健室のほうが。」 「(教室の嫌な人が保健室をよく利用していたら？）あー、あんまり、保健室に来る気がしないかも。(じゃあ、メンバーも大事なんだね）あー、自分に似た人が保健室にいるから自分も保健室にいるみたいな。」
	No. 2「保健室は特定の人しか行かないし、その特定の人と（＝もともと）仲がいいから。教室よりも、(＝保健室のほうが）喋りやすい。」
	No. 9「だから、なんだろう、やっぱそうやって一緒に行きたいと思ってくれる人が一緒にいく場所だから、すごく楽、おなじ気持ちだから」
	No.13「保健室は…友達と仲良くなれたり」
	(他は省略)
理論的メモ	誰かが作るものというよりは、自然とできちゃうもの。集まることでなんとなくできる。こういう動きが可能な場である。彼ら同士で何をしているか、いろいろな要素を含んでいる。もともと何か共通したものを持っており気が合うのか、或いは保健室頻回来室者ということで仲間意識が芽生えるのか。教室と保健室とでは人間関係構築の際に何か違いはあるのか。「保健室ピア」：保健室に集まる人の資格を自分に合うものと捉えている。

図 2 - 11　分析ワークシートの例：給水所としての養護教諭

概念名　22	給水所としての養護教諭
定義	養護教諭と話をすることで、元気づけられたり気持ちが軽くなったりやる気が出たりすること。またそれが自分にとって良いことだと生徒が自覚すること
ヴァリエーション	No. 1「保健室に来る前まで、例えば自分の機嫌が悪かったとしても…C先生に自分の今のことを聞いてもらえれば気持ちが軽くなって、保健室に来てからは、気持ちのいい（笑）次の授業を受けられるみたいな。」 「自分がこうだったっていう事について『良かったじゃなーい』みたいに誉めてくれる時もあれば、こう、じゃあ『今度はこうして頑張ってみな』みたいな、こうアドバイスっていうか、そういうのもしてくれるから、これからの自分の為になるっていうか、そういうのがあるから。」 「‥背中を押してくれるみたいな（笑）。そういう、なんか。例えば何かがあって、そこに行くのが自分ひとりでは、出来なくても、C先生と喋ることによってそこに行けるみたいな、のがあるから、こう、なにか、なんていうんですか、怖い先生とかに何か言わなきゃいけないときとかあるじゃないですか。俺、絶対に自分は怒られることなんだけど、なんていうんですか、言いづらいみたいなときでも、C先生と喋って、それからはとりあえず、まぁ先に、なんていうんですか、その事だけは伝えておこうみたいな。やる気になるっていうんですかね。前向きな考えになれるっていうか、そういう風に、自分が考えられるようになるから。」
	No. 3「C先生の笑顔が（＝来室目的の）一番ですよ。‥C先生の顔を見ると、こうあと何時間の学校生活をよし、頑張ろうっていう、はい。保健室の先生の力はすごいっすね（笑）‥（＝保健室に来ると）元気になる」 「‥話しててこう、面白いから、プラスのことばっかだから。（プラスのこと？）んー、自分にとっていいことばっか、面白かったり、勉強になったりとか、そういうことばっかだから、笑顔が素敵だから、見てるとこっちまで元気になる（笑）」
	No. 6「（＝C先生と話すことで）ストレス発散ができる。先生に話すときはたいてい文句言うから、文句話をいうから、発散できる」
	No. 9「なんか、自分の話せない面をいっぱいC先生に話せて、アドバイスをもらえるから、それで保健室に行ったあとはすっきりしますね。で、明るくなります。」
	No.14「‥相談する。‥（そういう話をすると、どう？）うん、いいね。（どう、いい感じになるんだろう）ためになる。これから努力していこうとか、思う。そんな感じ」
	（他は省略）
理論的メモ	生徒→ランナー、養護教諭→給水する人、水→生徒が元気になったり、気持ちが軽くなるような養護教諭の関わりとして概念名を生成。生徒が養護教諭との関わりによってリフレッシュできることを自覚している。つまり、頻回来室者がうまく保健室を活用している安定した時期。

である。なお、両図ともこれまで述べてきた記述方法と異なる点もあるが、そのまま提示している。また、スペースの関係で具体例や理論的メモを省略している。

第四節　分析ワークシートの完成と概念の精緻化

すでに述べたように、ワークシートが完成することと、その概念の生成が完了することとは同じである。個々の概念の完成度の判断は、まずベース・データの範囲内に関して対極例と類似例での比較検討からヴァリエーション（具体例）がワークシートに記入されていくので、その内容をみて行なう。これは二方向での判断となり、ひとつは一定程度の多様性を説明できるだけの具体例が分析対象としたデータ全体に対して確認されたかどうかの判断であり、もうひとつは対極例についての判断である。

とくに注意が必要なのは後者である。その理由は、類似例はその都度ワークシートのヴァリエーション欄に記入されていくが、対極例はデータをみていっても見つからないことが多いからである。むろん、対極例がみつかればデータのその部分を具体例とする新しい概念生成を行なう。しかし、データで確認できなかった場合には、その結果は分析結果に直接的には反映されない。つまり、データに該当する箇所が「ある」場合にわかりやすいのに対して、「ない」ことの確認はその旨を記述しない限りと他の人には伝わらない。具体的にはどうするかというと、対極例の確認結果はワークシートの理論的メモ欄に記録として自分でわかるように記入していく。だから、類似例はヴァリエーション欄、対極例の確認の結果は理論的メモ欄というように分けて記入していく。対象者についての対極例はわかりやすいが、ひとつの論文用の分析でそこまで含めて調査を行い分析まですることはあまりなく、むしろ、別の分析テーマで行なう方が現実的である。ここで問題なのは、同じ対象者における具体例のレベルでの対極例の有無であり、概念定義と対照的な解釈の可能性の有無の検討である。データをどの範囲までチェックしたが該当例がなかったということを論文中で言及していく必要がある。そうでないと、論文を読む側には伝わらない。

ところで、グラウンデッド・セオリー・アプローチの特徴のひとつである継続的比較分析の実際の方法として、対極例についての説明がこれまで明確になされて来なかった。そのため、質的データの分析に対して根強く提起される批判に適切に応えることができなかった。自分の関心に都合のよいデータ部分だけをえり抜いて結果をまとめたのではないかといった類の批判である。逸話主義（anecdotism）とも言われる点である。この背景には、分析の経過が他の人にも理解しやすいように示されないということに加えて、実際の分析方法も十分に説得力のある形で説明されないということがあったと言えよう。

これまでの説明で明らかになったと思うが、修正版M-GTAにおいては分析経過の全体像とともに分析方法の明確化、とくに分析の要となるコーディングの仕方を工夫している。なかでもここで述べている対極例の比較は重要で、これにより解釈のレベルである生成概念と、現象レベルである具体例（ヴァリエーション）のそれぞれにおいて妥当する範囲をデータで確認するからである。別な言い方をすると、対極例の検討は分析対象としたデータに対して、例外を発生させない分析なのである。逸話主義の批判にはこれを実行することで十分応えられるのである。もっとわかりやすい言い方をすれば、対極例のチェック作業により解釈が分析する人間によって恣意的に偏る危険を回避できるのである。自分の判断と対極の場合をデータで確認していくのであるから、これは当然のことなのであるが、質的データの分析においてこれまで十分に活かされてこなかった。

ただ、この関連で注意が必要なのは実際の分析における対極例の検討作業とは別に、最終的に分析結果のグラウンデッド・セオリーを論文で発表するときにそのことを簡潔に記述しなくてはならないということである。分析過程での順序と論文での結果の記述順序が逆になるという問題であり、結果で表現されない分析過程については説明が必要になるということである。この点については論文の書き方についての章で詳しくは後述する。

概念の完成は、具体的類似例が出尽くしたところ、つまり、データをみていっても新たな例がでてこなくなり、同時に、対極例についてのデータチェックが十分と判断する時点でもってその分析ワークシートを完成とする。個々の概念レベルにおける理論的飽和化の判断であり、それぞれの概念についてこの判断をする。

このときに、データに関して次の2点を確認する。これらはともに、概念生成の場合だけでなく、後述するカテゴリー生成の際にも検討することになる。

第一に、これまでの分析はベース・データを対象にしてきているので、果たしてそれで十分なのか、それとも追加データの収集に移行すべきかの判断である。分析対象とするデータはその範囲を方法論的限定で設定しているので、基本的には同じ限定でデータ量がさらに必要な場合と、類似例と対極例が不十分と思われる概念候補にそっての追加のデータ収集をする場合が考えられる。数字を挙げるのは誤解を招きやすいのであくまで目安としてであるが、データへの方法論的限定が明確に行なわれていて、10ケース以上のデータがあれば、まずはベース・データだけでの分析から結果をまとめることはできると言えよう。つまり、追加データの必要はないと考えられる。これは修正版M-GTAによる分析結果が研究論文サイズのコンパクトなものであることとも関係している。

第二には、こちらの方が分析全体にとっては重要な判断となるが、分析焦点者の絞込みをするかどうかの判断である。分析に当たっては分析焦点者を設定して始めるのだが、分析が進むにつれて焦点をおく人間を当初の設定からさらに限定するかどうかの判断である。例えば、小倉(2002)の場合、当初の分析対象者は特養の新入居者であったが、「つながり」が中心的な概念として浮上してくる中で分析の対象を新入居者のうち「つながり」が形成できた高齢者に絞った。あるいは、佐川(2001)は精神疾患の患者を対象に服薬教育プログラムの参加者を当初の分析焦点者としたが、「知識化」の概念が中心となるにつれて参加者のうち「知識化」ができた患者を対象とする絞込みを行っている。その後別の論文においてさらに対象者を分けて、「知識化」が十分形成されなかった患者に焦点をおき、形成された患者との比較を含め、分析を行なっている(佐川、2003)。

分析焦点者の絞込みがすべての場合必要となるわけではないが、絞込みの必要性がはっきりしてくるのは対極例の比較の結果である点に注意をうながしたい。先に述べた類似例と対極例の比較は分析ワークシートの作成に関してであり、したがって、個々の概念のレベルでのことであった。それに対して、分析焦点者の絞込みは対象者を対極的に限定していくことであるから、大きなレベルでの限定判断となる。ひとつの論文ではあまり複雑な分析結果を報告するには無理があるので――要約的で説明的な記述となるから分析の厚みが表現できず、平板な印象を与える――、こうした場合には、対象者の設定をしなおして分析を行ない別の論文へと発展させていく。

第十六章　理論的メモ・ノートをつける

修正版M-GTAでは分析ワークシートとは別に、理論的メモ・ノートを作成する。これはワークシートの作成と同時でよい。ワークシートは概念ごとの内容となり、その中の理論的メモ欄も当然その概念に関しての内容となる。しかし、分析をしていくと個々の概念について仕分けしにくいアイデアが浮かんでくる。あるいは、概念と概念の関係、カテゴリーのまとまり、あるいは分析結果全体についてのアイデアやひらめきだったりするのだが、こうした内容を記録しておくために付けるのが、このノートである。フィールドノートと同じと考えてもよい。

多重的同時並行思考をしていくので、概念生成をしていてもそれに関連するさまざまなアイデアは自然に出てくるもので、内容によっては分析ワークシートへの記述と重複するが、むろんそれで構わない。理論的メモ・ノートは日記的に日付ごとにつけるのが効果的である。

着想や思考、そして、疑問やその確認の記録となり、次章以降で述べるカテゴリー生成や分析全体のまとめはこのノートで検討を加えていく。概念の関係図を試行錯誤的に検討するときにも、その都度このノートに記録していくと、最終的な関係図にまとまっていくまでのプロセスが残せる。つまり、分析ワークシートとは別に、自分の解釈的思考を後にたどれるからどの時点でどのアイデアが着想されていたかもすぐにわかる。

修正版に限られたことではないが質的データの分析、あるいはフィールドワークのときには四六時中調査のことを考えているものである。これは大げさな言い方ではなく、ごく自然にそうなるものである。いろいろなときにさまざまなアイデアが浮かぶが、その都度記録しておかないと忘れる。

この関連で言及しておくと、分析を始めたら極力中断しないことである。修正版 M-GTA ではとくに強調したい点である。同時並行の思考作業は稼動するまでに集中力を必要とするし、動き出せば相互に関連がみえてくるから相乗効果の展開となる。だから、思ったほど困難ではないのだが、中断してしまうともう一度稼動体制まで自分をもっていかなくてはならないからである。自分の都合で中断しても、また簡単に再開できるとは考えない方がよい。また、中断すると、それまで行なってきた自分の〝判断〟を振り返ることになるから疑問がでてきて、確認のためにもう一度やり直さなくてはならないと思うこともある。少なくともオープン・コーディングの作業では中断は避けた方がよい。とくに分析が順調に進んでいるときは概念が続いて生成されたり、アイデアが次々に浮かんできたりするものなので、こうしたときに中断は禁物である。

一方、中断とは違うが分析をいったん停止して全体を振り返ることが必要なときもある。分析の全体像がはっきりしてきたときで、カテゴリーとカテゴリー関係から分析結果がある程度明確になったところで、少し時間をおくことは重要である。フィールドワークでも意図的にフィールドを離れるべきときがあるのと同様である。

第十七章　カテゴリーの生成法――選択的コーディング

第一節　概念間の関係からカテゴリーへ

修正版M-GTAにおける分析の最小単位である概念は直接データから生成され、その結果は概念ごとに分析ワークシートにまとめられ精緻化されていく。創られた概念は、図2-6でみたようにバラバラな状態にある。この章では、そこからカテゴリーを作り分析結果をまとめていく方法について説明する。すでに指摘したように、同時並行で考えるから概念を生成するときにその概念と関係するであろう他の概念や、分析により明らかになるであろうプロセスとの関連を推測的に検討し、その結果はワークシートの理論的メモ欄か理論的メモ・ノートに記入されている。

修正版ではバラバラな状態にある概念から、その先の分析をどのように進めていくのだろうか。バラバラな状態ではあるが、図2-6が示すように生成された概念はどれもデータに対しては同じ密着度である。まずこの点を強調しなくてはならない。分析結果を構成するすべての概念はgrounded on dataとcoding & retrievalの基本特性を満たしている。コード化を重ねる方法と違い、データとの間に〝中継点〟を置かず、どれもが直接データに対応している。

では、バラバラな状態とはどういうことか。修正版の方式で行なえば、個々の概念の説明力、説明範囲はさまざまであり、ある概念は限定された範囲だけに有効であったり他の概念は包括的な説明力を持っていたりという意味で、バラバラな状態なのである。したがって、わざわざコード化のレベルを分けて分析を序列化しなくても、バラバラな状態を概念間の関係で調整していけるのである。もっとわかりやすい言い方をすると、オープン・コーディングで生成した概念の中には後にカテゴリーとなりうるものが混在している可能性が高いということである。ただ、その可能性は次に述べる方法での検討で見極める。また、すべてのカテゴリー候補がその中にあるわけではない。カテゴリーとして新たに創るものも当然でてくる。

見極めのときに注意してほしいのは、生成した概念の全体を見比べて概念の関係を判断していくのではないということである。一定数の概念が手元にあるようになると、それらをグルーピングするのがカテゴリーを創ることだと思い実際に試みたりする。しかし、これは有効な方法ではないし、修正版の考え方とも異なる。個々の概念の説明力が、この方法でカテゴリー化されると活きてこない。

修正版M-GTAでは、個々の概念について他の概念との関係をひとつずつ検討していく。ひとつの概念を基点にそれと関係のあるもうひとつの概念を見出していく作業を繰り返す。つまり、分析の最小単位は概念であるが、その次の単位は2概念の関係である。2概念が関係づけられたら、それに関係してくる概念は何かを考えるのである。後はその作業を継続して行なう。複数の概念の関係から成るカテゴリーは、その延長で必ず浮上してくる。データに密着した（grounded on data）の分析から概念を生成し、どの概念もデータの解釈から直接生成されているので、次に、そうした概念を個別に関係づけながらカテゴリーを創っていく方法は、地べた（データ）から築き上げていくのであるから極めてグラウンデッド・セオリー・アプローチ的なのである。だから、ことさらに軸足コーディングの形をとる必要はないのである。

カテゴリーを検討するときの作業方法であるが、概念と概念の関係を図にしていくことである。概念生成では分析ワークシートを作成していくのであるが、カテゴリーでは検討した結果をその都度、理論的メモ・ノートに記入していく。あるいは、手書きなら日付を入れて、まとめておく。2概念のものもあれば、それ以上の概念のまとまりもあるし、後にはカテゴリーの関係図にもなっていく。そして、最終的に論文で提示する結果図へと発展していく。

カテゴリー生成のときにひとつ重要となるのが、理論的メモ・ノートとそれぞれの分析ワークシートの理論的メモ欄の内容である。なぜなら、さまざまなレベルでの解釈の可能性をすでに検討しその記録であるから、判断するときに多角的な検討が自動的にできるからである。

ところで、カテゴリーとしてまとまるには欠落していると推測される概念があれば、その確認をデータに照らして行なう。これもひとつの理論的サンプリングである。ただ、オープン・コーディングをていねいに済ませておくと、実際にはこうした形で概念を生成することはあまりない。

さて、概念と概念の関係がみえてくるということは現象のなんらかの〝うごき〟を説明できることであり、その関係が複雑になればより大きな〝うごき〟を説明できることになる。当然のことだが、ひとつの概念が説明できることより、二つの概念の関係の方がより多くのことを説明できる。同様に、カテゴリーになればもっと多くのまとまりを説明できるし、コア・カテゴリーを中心とするか、そこまでいかなくてもカテゴリー間の関係ができれば分析全体が明らかとなる。

第二節　コア・カテゴリーがなくてもよい

この展開を表したのが、図2－12である。先に図2－8で生データと概念生成のレベルの関係は説明してあるので、この図ではその上の部分を説明する。下降方向と上昇方向の両方向で推測的、包括的思考を駆使するのは同じである。ここでの主眼は概念からカテゴリーを創るのと、カテゴリー間の関係、すなわち、それらが最終的な分析結果のどの部分にあたるのか、プロセスのどのような〝うごき〟の説明になるのかを明らかにしていくことである。言い換えると、カテゴリーを生成するといってもいきなり新たな作業に入るわけではなく、それまでに進めてきた作業の延長であるから特別のことではない。分析結果のおおきなまとまりは分析テーマに対応して明確になってくるから、その手ごたえは自分で判断しやすい。

図2－12で「概念3」が「カテゴリー1」に「移動」となっているが、これは先述したように、

図2-12　分析のまとめ方

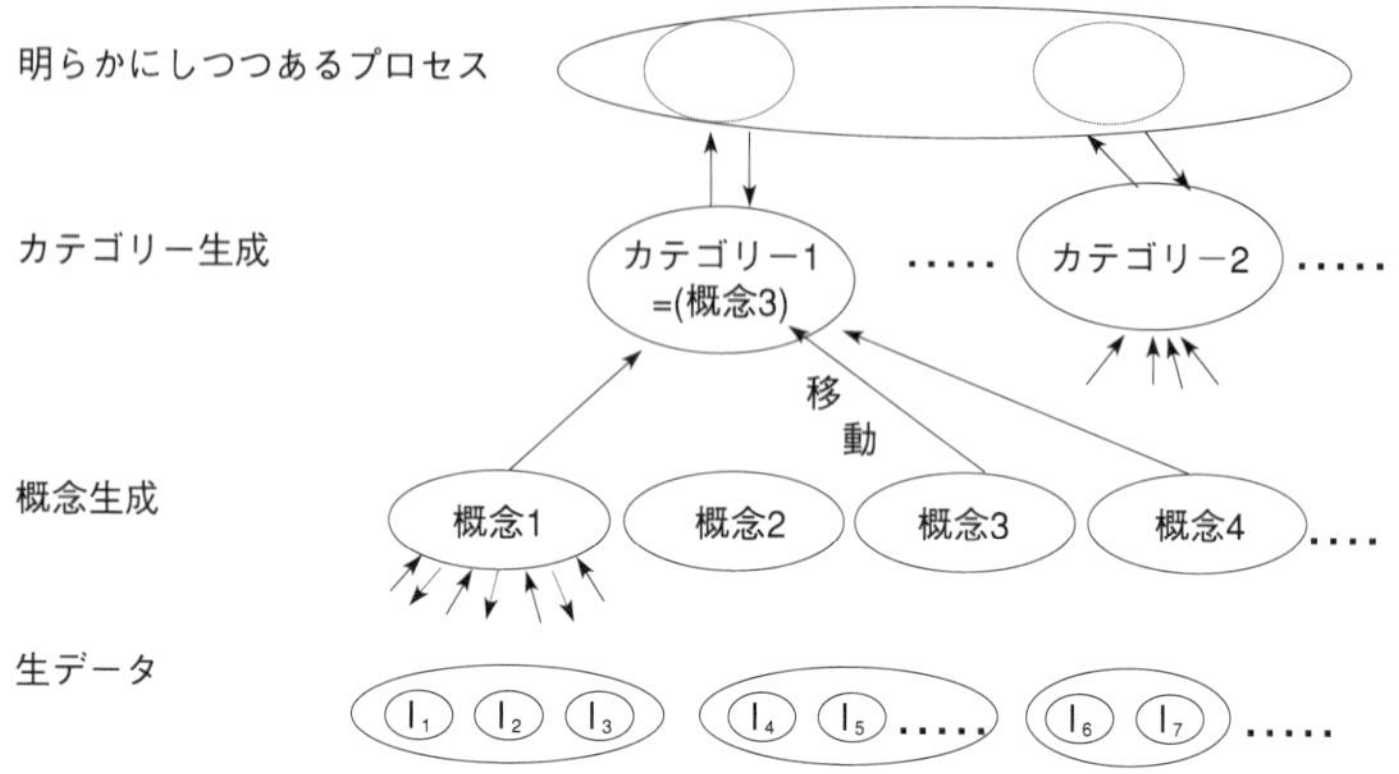

最初に生成した概念の中には後にカテゴリーになりうるものも含まれていることを示している。こうした場合には、「概念3」の分析ワークシートはそのままにしておいて、理論的メモ・ノートに「カテゴリー1」としての定義を記入しておく。定義が同じでよい場合もあれば、そのカテゴリーを構成する概念間関係から新たな定義を設定した方がよい場合もある。

もう一点、この図ではあえてコア・カテゴリーを入れてないのだが、その狙いは、コア・カテゴリーでまとまる場合が望ましいには違いないが、必ずそうでなくてはならないのではなく、いくつかのカテゴリーの関係で現象の変化を説明できるのであれば、それを分析全体の結果と判断してもよいという意味である。なぜなら、これまでの説明からわかると思うが、概念を個別に比較検討し関係を見出していく作業ではカテゴリーはいくつか形成できるが、そこからさらにひとつのカテゴリーを軸に全体を構成できるとは限らないからである。むろん、そこまでを目標にすればできなくはないが修正版の立場はカテゴリー間の関係で分析結果がまとまるのであれば、データの範囲に関する方法論的限定とセットで飽和化の判断を可とするのである。その方が現実的であるし、グラウンデッド・セオリー・アプローチの基本的考え方と矛盾するものではない。

説明を補足すると、カテゴリーを生成しその相互の関係を検討していき、そこからさらにコア・カテゴリーまで必ず生成しなくてはならないとすると、コアになりそうなカテゴリーを中心にそのために理論的サンプリングを行い新たなデータ収集が必要となるであろう。このレベルでの理論的サンプリングはかなり大きな作業となることがある。それまで方法論的限定を入れることで制御してきた分析の流れに対して、その限定を解除してコアの可能性を軸に新たにデータとの確認作業に進む必要が出てくるからである。もちろん、それが可能であればそこまで徹底した方が望ましいことは言うまでもない。しかし、その作業が現実的に困難か不可能である場合は分析対象としたデータ範囲に関して方法論的限定を行なうことで、主要なカテゴリー間関係として分析をまとめてもよいということである。

第三節　必要な概念数の目安

最後に、最初から推測的、包括的な思考を同時並行で進めるとはいえ、だいたい何個くらいの概念を生成してあればカテゴリーが見えてくるのかという点について触れておこう。よくある質問であるだけでなく、実際にこの兼ね合いが悪いために無駄な労力を費やす人が少なくないからである。ただ、数字で示せる問題でないことをあらかじめ念をおしておかなくてはならない。その上で目安としては、10個程度の概念を創ったら、すでに概念相互の関係が何らかの形で見え始めているべきである。概念だけをたくさん創ってしまう例が少なくないので、目安の数を出しておけば避けられるからである。すでに説明してきたように、概念を簡単に創らず、いろいろな解釈の可能性を検討するオープン化を行い、分析ワークシートを作成していくのであるから、ひとつの概念を生成するにはかなりの労力を必要とする。しかもひとつの概念はそれだけで完成するのではなく、一方ではデータからヴァリエーションを類似と対極の両方向で比較検討しつつ、他方では他の概念との関係を考えるわけで、しかも、個々の概念についてこの作業を行なっていく。これだけの作業をしていくのであるから10個程度の概念といってもすでに分析密度はかなりのものになっている。個人差はあるにせよ、この密度でそれほど多くの概念を同時に処理していくことはできない。したがって、10個程度を最初のチェックポイントとし、最終的な分析結果までには20個程度の概念と考えるのが妥当であろう。

断るまでもなく、10個程度概念があれば十分というわけではないし、20個程度なければまとまらないということではない。そういう意味での目安ではない。10個程度の概念を生成しても、概念間の関係についてアイデアが得られないとすれば、概念生成での分析に問題があると考え、もう一度検討し直した方がよいという意味である。あいまいな概念をたくさん創るのは、意味がない。

実際には概念にしてもカテゴリーにしても完成には早い遅いがあるから、概念が10個以上になっても同じ密度で分析できる。問題はむしろ分析の目標レベルをどこに設定するかの判断である。グラウンデッド・セオリー・アプローチが要請するレベルが一方にあり、他方には発表方法によって扱える分量が規定されるという現実的条件もある。とりわけ研究論文の場合にはこのバランスは慎重に考慮すべきであって、分析が緻密であっても無理に凝縮すると記述は平板になりせっかくの分析の緻密さが伝えられないという問題である。修正版M-GTAは分析密度を維持できるようコンパクトな論文完成を重視し、複数の論文により全体としての分析結果を発表することとしている。この点は次章でもう少し詳しく述べる。

第十八章　分析のまとめ方

第一節　結果図をつくる

分析結果であるグラウンデッド・セオリーは、分析焦点者を中心とした人間の行動や相互作用の変化、うごき、を説明するものである。これは、前章でみたようにデータから概念へ、概念からカテゴリーへと包括的にまとめられてきた作業をひとつに収束させることを意味する。そうした変化やうごきを指してプロセスという言い方をしているのだが、この作業を効果的にするには結果図をまとめることである。主要な概念やカテゴリーの関係を線や矢印などで表すので、相互の影響関係や変化のプロセスがわかりやすくなる。

簡単に復習すると、概念の生成には分析ワークシートを作成し、カテゴリーの生成には個々の概念ごとに他の概念との関係をその都度図にして理論的メモ・ノートに記入するか手書きで残していく。この作業はカテゴリーとしてのまとまりになっていくが、それだけではいくつかのカテゴリーがあるにすぎない。その次には、カテゴリーの関係をまとめることになるがその際に重要となるのが、全体としてこの分析が明らかにしつつあるのはどのようなプロセスなのかという視点である。つまり、単にカテゴリーとカテゴリーの関係を検討するだけでなく、推測的、包括的思考をプロセスに対しても同時に行なう。現象としての何らかのうごきが明らかになってきているかどうかに注意を払い、ていねいに検討し、図に描いてみる。これは最初、カテゴリーだけで行なう。個々のカテゴリーの構成はすでに終わっているかそれに近い段階での作業であるから、ポイントは、カテゴリー相互の関係からどのようなうごきが明らかになりそうかの判断である。分析の結果わかってきた大きなうごきをまず確認するのである。言うまでもなく、うごきをもっとも説明できるカテゴリーが分析結果全体の中心にくる可能性が高い。ただ、この作業は試行錯誤を経て、最終的な結果図に落ち着くのが一般的であり、この作業もまた完成段階での理論的サンプリングなのである。当然、分析テーマからのチェックも必要であるし、また、「この現象はこの部分の説明を抜きには成り立たない、と判断できるのは何か」という観点からのチェックも行なう。もっとも重要な分析結果部分を確認するわけで、これがその研究のオリジナリティとなることが多い。

したがって、結果図にいたる作業はカテゴリーやそれを構成する概念をただ並列的におくのではなく、図自体が一定の方向性を持つ形でまとめられることを意味する。具体的には横書きか縦書きとなるが、通常は左側から右側にかけて変化の方向を示す図になる。上下の方向の方が内容を表しやすければ、もちろん縦型図でかまわない。このときに混同しないよう注意が必要なのは、現実の現象自体は当然時間の経過の中で変化しているのだが、その現象変化と分析結果が示す現象の変化とは同じではないということである。なお、結果図の意味を理解するには分析結果の記述と一緒にみた方がよいので、研究例を参考にする。

別な観点から説明すると、分析テーマの設定を思い起こしてもらいたい。分析テーマは現実の現象変化そのものに対してではなく、その変化を背景として、変化していくテーマを、データにそくして分析がしやすくなるように設定することであった。だから、分析結果は分析テーマに対応する関係にあり、結果図はそれを表したものとなる。分析テーマにわざわざ「プロセス」というコトバを入れておいた所以である。

第二節　理論的飽和化の判断

次に、まとめるに当たって重要な判断点を中心に説明する。

オリジナル版において提示されているように、分析の終了は理論的飽和化をもって判断するとされている。これは簡潔に言えば、次のようになる。継続的比較分析により分析を進めていったときにデータから新たに重要な概念が生成されなくなり、理論的サンプリングからも新たにデータを収集して確認すべて問題点がなくなったときをもって、飽和化したと判断するとされている。分析結果を構成する概念が網羅的になり、概念相互の関係、カテゴリーの関係が、データに裏打ちされた上で、論理的にまとめられたことを指す。

しかし、理論的飽和化の判断は難解である。理解がむずかしいという意味での難解さなのではなく、どのように行なうのかがよくわからないのである。この点に関しては、グレーザーもストラウスもはっきりと説明していない。つまり、飽和化の判断は分析者が行なうしかないのだが、確信を持ってその判断を下すのはむずかしいのである。データとの確認にしても完璧に行ないきることは無理であるし、データについての章で述べたように面接型調査の場合には一定の制御は必要であるからそもそも完全にはできないと考えた方がよい。

オリジナル版におけるグレーザーやストラウス、それ以上に後のグレーザーは、分析過程から論理的必然性をもって分析結果がまとまってくるものとして理論的飽和化を説明しているのだが、論理的必然性と言っても、データの範囲を広げていけばどんどん広がる話であるし、その意味で一種の必然性の意味合いをもつこの概念自体、相対的でもある。継続的比較分析とは何かを考えれば、このことは理解できるであろう。つまり、比較の継続には内側に収斂していく動きと同時に外側に拡大していく動きの両方があるのであり、理論的飽和化とは、理論的サンプリングによりデータ収集を拡大させつつ分析結果の収斂化をはかっていって、言うなればこの二つの相反する動きがバランスする、その理論的最適化のことなのである。しかし、このバランス点は静止させるのが非常にむずかしく、至難の業である。なぜなら、第一にそこまでデータ収集と分析を徹底するのがむずかしいし、第二には、仮にそれができたとしても少しでも新たな対象についてのデータが追加されると再び収斂化と拡大化の運動を始めてしまうからである。前著でも述べたように、理論的飽和化は理想的な形と理解する方が、無理がない。つまり、完璧に実践しなくてはならないのではなく、その意味を理解した上でそれぞれの分析において現実的な最適バランスで判断し、その判断根拠を明示する。

修正版M-GTAは、理論的飽和化の判断に関しても独自の立場と方法をとる。まず確認しておきたいのは、ここまでの説明を振り返るとわかるように修正版の分析はひとつのプロセスとして展開するということである。多重的同時並行性とは、言い換えると、オープン化と収束化の同時並行（図2-4）であり、両者のバランスを理論的サンプリングと継続的比較により収束化の方向にまとめていくことを意味する。したがって、分析は自然に収束化の方向に向かうのである。理論的飽和化はそうして進行する収束化をあるところで完了させるために下す判断であり、いきなり行なうわけではない。

分析ワークシートの完成の判断とは、その概念に関しての理論的飽和化の判断であることもすでに述べた。概念生成プロセスにおいて、すでに個別に理論的飽和化の判断をしているのである。データの範囲を確定しながら、類似例と対極例を検討しつつ定義と命名を確定しているので、概念がこれで十分かどうかを判断している。しかも、ワークシートの作成は自分の判断の確からしさにつながっていく。

気が付いたかと思うが、分析結果全体についての理論的飽和化の判断（大きな判断）の前に実は個々の概念生成において小さな理論的飽和化の判断を概念の数だけしていることになるので、大きな判断もしやすくなるのである。小さな判断はワークシートの作成作業に基づくから下しやすいのである。これが理論的飽和化に対する修正版のひとつの対応である。

もうひとつの対応は分析結果全体に対してのもので、二つの方向から理論的飽和化を判断する。一方は、方法論的限定としてデータの範囲を限定する。データの章で論じたように、分析に用いるデータの範囲をはっきりと限定的に設定し、それを前提として分析を進める。この限定は現実的、便宜的理由にもよるが、それ以上に研究テーマから分析テーマへの絞込みによる研究の目的や意義に基づいていなければならない。もう一方は、理論的飽和化に向けての分析結果の完成度という本来の作業である。つまり、図2－1でみたように最適化をこの二方向から判断するのであり、分析から浮上してくる内容とそれに対応するデータ範囲とのバランスを考える。喩えで言えば絵を描くにはキャンバスが必要なのであり、ここで言う第一の限定とはキャンバスにあたる。描かれる絵が分析結果として提示されるグラウンデッド・セオリーである。

ここで重要なことは、最初用意したキャンバス（データの範囲）に完成された絵が仕上がる場合もあるが、それだけでなく、絵の出来栄えによってはそれに適した大きさにキャンバスの大きさを調整することもありうるということである。この調整は実際には拡大ではなく縮小方向になる場合が多い。結果のまとまりが論理的密度をもって成立し得るデータの範囲の調整を行うということであり、このバランスのとり方で理論的飽和化を判断してもよいというのが修正版の立場である。これがひとつの方法論的限定で、このときの調整は、他のふたつの方法論的限定、つまり、分析テーマとデータの範囲に関する限定とセットで行なう。

この判断と調整は、次のように行う。データから生成した概念は個々に分析ワークシートの形になっており、概念間の関係はカテゴリーに、そしてカテゴリーは相互の関係にまとめられ理論的メモ・ノートに記録されている。カテゴリーは概念と概念の関係から生成されていくから、分析が進んでいくとデータとの確認ができたカテゴリーやまだ十分できていないカテゴリー、同様にカテゴリー間の関係も濃淡の状態となる。つまり、全体が同じ完成度の分析になっているわけではない場合があるわけで、かなりはっきりと明らかにできた部分と、今後さらにデータ収集や分析が必要である部分とになる。そのときに明らかにできた部分を中心にまとめることを考えるのである。

第三節　ストーリーラインを書く

分析結果の完成度についての判断ができ論文で発表すべき内容が確認されたら、論文執筆に入る前にストーリーラインを書く。これは、分析結果を生成した概念とカテゴリーだけで簡潔に文章化することであり、必ず論文を書き始める前に行なう。長さの目安としては、どんなに長くてもA４サイズ一枚以内とし、できるだけ短くまとめるのがポイントである。分析結果の確認が目的の作業であるが、むろん論文の要旨としても利用できる。ストーリーラインを書くことは非常に重要な作業でその理由は、分析結果として自分が理解したと思っていることと、それを文章化することとは同じではないからである。数量的分析結果と異なり、意味の解釈による質的分析ではとくに注意を要する点である。叙述分析のむずかしさであると同時に、非常にクリエイティブな作業でもある。書くこと自体が解釈であり、最後の分析と考えるとよい。

結果の文章化は言うまでもなく論文本体での作業となるが、その前にストーリーラインとして骨子を記述する。自分の中では結果ははっきりしていても、いざ書いてみると論点があいまいであったり、重複が多くなったりといった問題は少なくない。実際に書いてみるとわかるが、ストーリーラインは、まず分析結果全体の要約から始まり、次いでそれを説明するために、何を、どの順序で書くかを決めなくては書けない。これはストーリーラインのときだけでなく、論文本体での記述にも当てはまることだが、もっとも凝縮して問われてくるのがこの作業なのである。論文の執筆のときに論理的密度を維持して記述するには、その前に結果を文章確認するのが有効なのでありストーリーラインはそのための作業である。必要最小限の記述として、分析結果の全体の要約とその構成を述べたものであるから簡単にできそうに思えるかもしれないが、実は結構手間取ることが多い。この段階で、思っていたほど分析結果がはっきりしていないことに気づくことも少なくない。そのときには、そのままで論文執筆に移るのではなく自分の疑問を検討し、ストーリーラインの完成を優先させる。

分析の結果はその時点では図の形でもまとまっているから、ストーリーラインと結果図の両方で内容を確認してから論文を書き始める。その際、さらに次の点から自分の分析結果を確認する。すなわち、

①　この研究で自分は何を明らかにしようとしたのか、
②　この研究の意義は何か、
③　その結果、何が分かったか。つまり、この研究がオリジナルに提示できる結論は何か、
④　現実的問題に対してでも、理論的問題に対してであれ、どういうプロセスを明らかにすることができたのか、
⑤　該当する場合には、どのような援助の視点が得られたのか、

である。このように列挙すると改めて指摘する必要がないほど当然のことのように思われるかもしれないが、最後にこうした確認まで行なわない場合は少なくない。これらの点は自己確認のためであると同時に、自分の論文をよく理解してもらい、適切に評価してもらうためにも必要である。グレーザーとストラウスがオリジナル版で明確に主張しているように、グラウンデッド・セオリーとは単に関係する人々にとって既知のことがらを細かくまとめただけのものではなく、そうした人々にとって新たな理解につながる内容であるべきだからである。修正版ではこの点を、

経験的知識の再編成に寄与できるという言い方をしている。

まとまった分析結果が妥当であるかどうかを判断するために、面接対象者あるいはそれに近い人たちにそれを提示し反応をみることを推奨する立場もあるようだが、修正版では分析方法上その必要はない。分析の結果に対してはあくまで分析者が責任を負うのであって、そのための手順であり解釈である。分析結果の評価は論文あるいは口頭で発表し、それについて反応を聞くのはむしろ望ましいが、分析結果を確定する前に、言い換えると分析プロセスの一部となる形ではすべきではない。第一章の図1－1で示したように、結果として提示されたグラウンデッド・セオリーを【研究する人間】から【応用者】へと伝えられたときの【応用者】の反応という位置付けであり、そこで評価の対象となる。

少し考えてみれば、その理由は理解できよう。何人かに聞いたとき、皆がみな同じ反応という保証はないし、分析結果全体のどの部分に関心を持つかも異なるのが自然であるから仮に全員がこれでよいといったとしても、それをもって分析結果が適切であることを証明することにはならない。また、誰か一人でも違うと言えば、どうするのか。違うと指摘された部分をその人の発言で訂正することなど、むろん不可能である。本書で詳しく説明してきたように、多重的同時並行思考というひとつをとってみても修正版の分析は相互に密接に関連した作業であり、それで結果までまとめていけるように工夫されている。そして、この分析作業はひとりの人間の判断によって貫徹しきる方が判断と責任が明確になるのである。そこにまったく異質の要素を組み込むことは、分析方法自体を無効としてしまうだけでなく、その研究の社会的意味をあいまいにしてしまう。

ところで、修正版M-GTAでは、分析のまとめは研究論文の完成であると位置づけ、この方法を理解するには一つの研究から最低二つの論文を書くことを推奨している。そのことを説明する。これまでの論述からわかるように、修正版による分析結果は、コンパクトな内容である。複雑で説明範囲の広い分析結果を志向することも不可能ではないが、修正版は大きな結論までを目的とするのではなく、小さくても緻密な分析結果を重視する。解釈という作業が一定のレベルの緻密さを維持するには、自ずから限度というか適正レベルがあると考えるからである。しかも、コンパクトな分析結果の方が通常の研究論文のサイズに合いやすい。限られたスペースで複雑な分析結果を述べようとすると、どうしても要約的な記述にならざるを得ないから説明力も説得力も乏しくなり、決して論文の理解にはつながらない。分析結果を数量的研究のように凝縮表現できない質的研究の宿命でもあるが、叙述分析に必要なスペースを考慮すれば、研究論文で扱える内容はコンパクトにならざるを得ない。

まず、最初の論文を完成させる。そのときに、第一論文で活用しきらなかった、あるいは、データとの確認作業が十分でききっていない概念やカテゴリーが残されている。これは先に述べた理論的飽和化への方法論的限定の結果でもある。そこで、第一論文に関連させて新たな分析テーマを設定し、二つ目の論文に向けた分析を始める。新たに分析テーマを設定し、同じ進め方で分析を行なう。どのようなデータを追加収集すべきかについても同様に判断する。これが第二論文へのひとつの進め方である。もう一つの方法は、第一論文とは対極の対象者を取り上げることである。例えば、佐川の研究では、服薬教育プログラムに参加した患者の中で第一論文では薬について知識化ができるようになった患者たちを対象にしたが、第二論文では同様に参加しながらも知識化に至らなかった患者たちを対象として、なぜ至らなかったのかを明らかにしようとしている（佐川、2001, 2003）。あるいは、小児がん患児の入院初期段階と治療の安定段階とに分けて付き添う母親の役割と家族の闘病体制について研究した水野らのように、現象の特性に応じて研究対象を分けて、基本的には同じ研究テーマに基づくのであるが分析テーマは別々に設定して研究することもある（水野ら、2002, 2003）。ここで言いたいことは、コンパクトな論文でまとめると、必ず次の研究への方向性、アイデアなどが自然に残るのでそこからの展開が無理なくできるということである。こうした芋ずる式の発想の活性化を前著で私はグラウンデッド・セオリー的思考法と呼んだのだが、この研究法の大事な特性である。

最後に博士論文について言えば、コンパクトな論文一つでの構成はむずかしいので、関連する論文を三つ程度書いてそれらを中心に構成すると良いだろう。言うまでもないが、研究分野や大学院研究科によって要件、基準などは一様ではないし、ひとつの論文だけで不可能とも言い切れないので、これはあくまで目安である。

第十九章　論文執筆の要点

さて本章では、分析が終了して論文を執筆する際に注意すべきことがらについて述べよう。最初に次の2点を確認しておきたい。第一に、論文の執筆に取りかかってよいかどうかの自己確認である。これについては分析が終わっているかの判断と同じであるが、とくに理論的飽和化を適用する範囲の確認が重要となる。その上で前章の内容を踏まえ、結果図、ストーリーラインのチェック、そして、先述した5項目の確認をできるだけていねいに行なう。こうした確認作業をしっかりすることの重要性を強調しておきたい。文章の緻密さと関係してくるからである。

第二に、読む側が理解しやすいように書くことである。一般的なことでもあるから当然だと思われるかもしれない。しかし、書くべき内容が書けていると思っていることと、読む側がそのように理解できるかは決してイコールではない。書かれた論文は執筆者と読者の間に具体的な形として存在するわけだから可能な限りイコールとなるものでなくてはならない。とりわけ修正版

M-GTAによる研究を含め、他のグラウンデッド・セオリー・アプローチやそれ以外の質的研究法を用いた研究の場合には、方法論としての共通理解が未だ確立しているわけではないので、誰が読んでも適切に理解できるようにする工夫と努力が論文執筆者に求められる。要領を得た情報提示や説明、予想される疑問への対応などは執筆においてていねいに対応すべきで、限られたスペースでは限界のある作業だからといって怠るべきではない。適切に理解されなければ、適切に評価されないからである。

以下、具体的に述べていく。

第一節　対象者とデータの説明

データの範囲に関しては方法論的限定を行なうので、最終的に用いたデータについて対象者数、対象者の条件、面接方法などデータの収集や処理（逐語化など）の仕方、倫理的配慮などを説明する。実際の展開がベース・データ段階からスタートし分析過程で対象者が追加された場合には、最終的なデータの説明とする。対象者は表で示してもよい。その際の留意点であるが、対象者についてわかっていることをすべて詳しく表示すればよいのではなく、分析に用いたデータが何かを示すのが目的ということである。つまり、分析結果はここで提示したデータの範囲内に関する限りという方法論的限定を前提とする。執筆者も読む側も、この範囲限定を共有しなくては、理解も評価も成立しないので、この部分の記述は非常に重要である。そのためには、データの範囲限定が論理的に十分なものでなくてはならない。なぜその範囲のデータなのかを明確に説明する。

そのポイントは、対象者の説明である。なぜなら、グラウンデッド・セオリー・アプローチの主要特性のひとつである継続的比較分析は対象者について最もわかりやすい形で実行できるからである。この点はオリジナル版でも提示されているが、例えば、先にみた佐川の研究では薬についての服薬教育プログラムに参加した患者を対象者としたが、その中で「薬に対する知識化」がみられた患者に絞り、最初の論文をまとめ、次に、知識化がみられなかった患者に焦点をおき、みられた患者との比較を試みている（佐川、2001, 2003）。あるいは、特養の新入居者の生活適応プロセスを扱った小倉の研究では、新入居者全員を対象に分析をはじめ、その中で「つながり」形成に成功した入居者に絞って論文をまとめている（小倉、2002）。つながり形成が不十分であったり成功していない入居者については別の分析として、発表論文の対象者からは除外している。したがって、それぞれの論文では当初の対象者の説明とその論文での対象者の説明を明確に提示することで、読者は論文の内容も理解しやすいし、同時に、執筆者が矛盾例、対極例となる対象者についても考慮に入れた上でその論文の内容となっていることがわかるのである。

次に、面接型調査の場合には半構造的面接を用いたという説明が多いが、そうであっても主にどのような質問をしたのか主要例をいくつか本文に入れたほうが理解の助けとなる。また、質問項目表そのものは、研究論文のようにスペースの余裕がない場合には査読の求めがあれば提供すればよいが、修士論文や博士論文では付録として添付する。

第二節　分析方法の説明

分析方法の説明は通常データ収集の説明に続いてなされ、「結果」の前となる。質的データを解釈により分析し論文として発表する場合には、分析方法について多くの、そして時には強い疑問が寄せられる。その最大の理由は、データをどのように分析することで報告された結果が得られたのかがわからないと判断されるからである。データから自分に都合のよい部分だけをピックアップして恣意的に解釈したのではないかという反応すら、現状では決して珍しくない。自分なりに努力して論文にまでまとめた若い研究者では、こうした指摘を受けるとどう応えてよいのかわからず自信をなくすこともあろう。読む側もわからないし、書いた側も実ははっきりと理解できていないからである。

その結果、多くの場合、分析の手順を説明することでなんとか対応しようとするのだが、それだけで十分とは言えない。データをどのように扱ったかという手順自体、確立しているとは言えない。だから、例えばデータを何度も読んで共通するテーマを抽出して、といった説明だけでは、その作業がどのようにして結果となったかがやはりわからないのである。あるいは、グラウンデッド・セオリー・アプローチの場合にしても、データの切片化、オープン・コーディング、理論的サンプリング、継続的比較、軸足・選択的コーディング、理論的飽和化などの方法論上の主要な概念を用いて説明したとしても、それらが実際にどのように行なわれたかは、論文を読んでもよくわからない。前著とこの本で論じてきたように、むろん、これは論文執筆者の力量が不足している場合がなくはないにしても、手順の実際が方法として完成されていなかったところに課題があったためである。

修正版M-GTAは具体的にデータをどのように扱うことなのかを示しているので、手順としても明瞭である。加えて、手順だけの説明ではなく、データを解釈する位置にいる【研究する人間】の視点を設定している。具体的な説明の仕方については、後述する。

事例研究やライフヒストリー、あるいはエスノグラフィーなどのように質的データを用いても研究方法として比較的確立されている場合には、データの分析自体が厳しく問われることは少ないかもしれない。この点、グラウンデッド・セオリー・アプローチによる研究に向けられる視線は異なっていると考えた方がよいだろう。オリジナル版で検証偏重の調査のあり方を痛烈に批判し、データに密着した分析から理論を生成する方法であることを標榜してきたのであるから、どのようにデータを分析し、いかなる理論が得られたのかに対して大きな関心が寄せられるからである。それだけ期待が大きいとも言えるし、反面、評価の目も厳しいのである。そして、これは当然のことである。

ところが、オリジナル版だけでなくグレーザー版もストラウス・コービン版も、この問いかけに応えうるところまで方法として完成されていなかったから、細部の話となると多くの疑問を残していた。修正版M-GTAも決して完璧なわけではないのは言うまでもないが、これらの本質的質問にも十分答えられると考えている。それだけではなく、質的研究に対して懐疑的な立場に対しても理解しやすいはずである。

もっとも分析方法への疑問や関心、データとの関係について関心が示されることに関しては、認識論まで含む大きな背景がある。科学的、客観的分析であるためにはデータの収集と分析の方法こそが重要と考えられているからである。先に私は分析方法と同比重で、その研究がたてた問いと明らかにできた結果とを評価すべきであると主張したのであるが、研究の評価の仕方もバランスが必要なときに来ているのではないだろうか。少なくとも、この点をオープンに議論してよい時期に来ている。質的研究への関心の高まりが要請している検討課題と言えよう。私たちは現状において、厳密な方法による検証型研究が説明力のある理論構築へと展開しないことに対するグレーザーとストラウスの当初の批判的問題意識を、もう一度確認する必要があろう。

さらに言えば、グラウンデッド・セオリー・アプローチが提起した研究のあり方がもっとも適合的なのが、もっとも科学化した自然科学一般やとくに医学においてである。今日の状況では逆説に聞こえるが、研究テーマと研究分析方法とのバランスはこれらの領域ではもともと成立しやすかったからである。研究のための研究ではなく、結果が現実との緊張関係において問われる健全さがあるからである。対照的に、社会科学、中でも人間を直接対象とする研究領域にあってはそうした現実との関係がはっきりしにくいこともあり、評価のバランスは研究方法の厳密化の方向にずれていったのである。こうした研究評価の軸のずれは、研究テーマ、問いが評価の対象にされるべきであるにもかかわらず、その検討があいまいになり、その分、研究分析方法の厳密さが研究の科学性を担保できるという考え方が支配的となったのである。仮にこのように考えれば、これは由々しき問題であり、私たちは両者のバランスを考えなくてはならないし、テーマを評価的に問うこと、分析結果の実践的活用による内容評価の必要性を強調している修正版M-GTAの問題提起が議論の対象になるべきであることが理解されよう。

とはいえ現実的課題としては、論文の場合には非常に限られたスペースで分析方法を述べなくてはならない。修正版M-GTAの分析方法を簡潔に伝えるには、次の7点を記述することを薦める。

①　分析テーマと分析焦点者に照らして、データの関連箇所に着目し、それを一つの具体例（ヴァリエーション）とし、かつ、他の類似具体例をも説明できると考えられる、説明概念を生成する。

②　概念を創る際に、分析ワークシートを作成し、概念名、定義、最初の具体例などを記入する。

③　データ分析を進める中で、新たな概念を生成し、分析ワークシートは個々の概念ごとに作成する。

④　同時並行で、他の具体例をデータから探し、ワークシートのヴァリエーション欄に追加記入していく。具体例が豊富にでてこなければ、その概念は有効でないと判断する。

⑤　生成した概念の完成度は類似例の確認だけでなく、対極例についての比較の観点からデータをみていくことにより、解釈が恣意的に偏る危険を防ぐ。その結果をワークシートの理論的メモ欄に記入していく。

⑥　次に、生成した概念と他の概念との関係を個々の概念ごとに検討し、関係図にしていく。

⑦　複数の概念の関係からなるカテゴリーを生成し、カテゴリー相互の関係から分析結果をまとめ、その概要を簡潔に文章化し（ストーリーライン）、さらに結果図を作成する。

以上の説明の後で、さらに、ひとつの概念の生成プロセスを紹介する。具体例として、分析ワークシートを表示し、データの解釈、類似例と対極例の比較とデータの検討をどのように進めたかを記述する。

言うまでもなく、これらは前章までに説明してきた修正版 M-GTA の分析方法を簡潔にまとめたものである。研究論文に許された分量からすると、分析方法についてこれだけのことを書く余裕があるかどうかもギリギリであるが、最後のワークシートの例示を含め、この程度の説明が適当であろう。このすべてを論文で述べる余裕がない場合には、例えば査読者などの求めに応じて不足部分の提示と補足説明ができるようにしておく。なお、分析プロセス全体にわたり詳細な説明を求められ、それに対応した方がよいと自分で判断したときには、そうすればよい。手元には、全部の分析ワークシートとカテゴリー形成を検討した記録があるので簡単に対応できるからである。

第三節 「結果」と「考察」の論じ方

研究論文の場合には、だいたい目的、方法、結果、考察のセクションを分けて構成するのが通例であるが、このうち「結果」と「考察」の扱い方についての修正版の考え方である。修正版では両者を分ける場合もあれば、分けないで一体で書いた方が効果的な場合もある。分けるのが一般的な論文構成であるため、分けないのであればその理由を記述する必要がある。

この問題は次の2点で考えると良い。

第一に結果と考察を分けない場合であるが、これはさらに二つに分けて考えられる。一つは、考察を狭義に捉える立場である。修正版M-GTAではデータとの確認を継続的に行ないながら解釈を確定していくので、質問票調査のようにデータを収集、入力しそれに対して分析を行い、結果を得るという段階的な形とは根本的に異なる流れである。類似と対極の両方向での比較を具体例と概念の両方について継続的に行ないデータで確認していくという分析は段階的ではなくプロセスとして進行するから、そこには考察の要素が自動的に含まれる。したがって、このレベルで分けて記述しようとすると「結果」と「考察」で内容の重複が生じてしまい、記述内容が説得力を持たないばかりか、繰り返しは分析が不十分ではないかという印象を与える。

両者を分けないもう一つの理由であるが、次に述べる結果の記述方法と関連しており、分析結果の全体像が読む側に理解しやすくなることを重視する場合である。例えば、『死のアウェアネス理論と看護』(Glaser & Strauss, 1965) などがこのケースにあたる。グラウンデッド・セオリー・アプローチの結果は、分析が的確に行なわれていればいるほど、読み物のごとく読める内容となるのだが、そうした滑らかさは結果と考察に分けると得にくくなる。

対照的に、一般の研究論文の方式にのっとり結果と考察を分ける場合、あるいは、査読者から分けるよう指示された場合の対応としては、考察の意味を広義に捉える。つまり、狭義の考察は分析プロセスの一部であるので「結果」のセクションに統合して記述し、報告した分析結果全体に対して「考察」で論ずる形とする。つまり、自分の分析結果の提示だけで終わらせるのではなく、それをさらに発展させていく上で他の研究結果などと関連させて論ずるのは本来の「考察」セクションの目的でもある。ただ、研究論文では分析結果の提示だけでもかなり絞り込んで記述する必要があるので、ここまで広げて論ずる余裕はないかもしれない。また、分析結果全体への考察となると、簡潔に記述するのはむずかしいという事情もある。

どちらの形とするかは、両者の特性を踏まえて選択する。

第四節　分析結果の記述方法

次に、分析結果の書き方についてであるが、この点も大きく二つのタイプに分かれる。概念説明的記述と現象説明的記述である。どちらにも一長一短があるので、特性を理解したうえで選択する必要がある。どちらとも決めかねる場合には、まず実際に書き始めてみてその具合で判断してもよい。また、どちらか一方の形式でなくてはならないということでもない。両者の特性は、次のようにまとめられる。

概念説明的記述とは、概念とカテゴリーを一つひとつ説明していく書き方で、文頭に概念がきて、「何々とは、何々である」式の記述となる。簡単に言えば、概念名、定義、代表的な具体例など、その概念の分析ワークシートの内容を記述説明することである。書く側からすると、この形は分析の結果を手堅く表現できるという利点がある。少なくとも書くべき内容をもらさず順序だって書くことはできるから、経験の浅い研究者には良いかもしれない。

ただその一方で、この形の書き方だと何々とは式のワンパターンの記述が連続して続き、しかもたくさんの概念がこの形で説明されると、相互の関係を含め読む側は内容を追うのが大変になる。概念やカテゴリーの説明に力点がおかれるから、読む側はその説明を読まされる感じになり説明力に納得するまでにならない可能性がある。また、概念やカテゴリーの個別説明が中心になると、今度はそれらの関係についての記述が弱くなり、肝心な〝うごき〟の説明が不十分になる。関連して注意してほしいのは、概念説明的な記述をしようとしているにもかかわらず、その概念の生成過程を説明することがみられるが、混同した記述となるので気をつけたい。ワークシートの結果の説明ではなく、作成過程を説明してしまう場合で、結果図やストーリーラインによる確認作業があいまいであるとこうしたことになりやすい。概念生成の分析プロセスにリアリティ感があるとそちらに引っ張られてしまうということなのだが、それは分析方法の説明ではあっても結果の説明ではないのである。

対照的に、現象説明的記述では分析の結果明らかとなった現象の説明に比重が設定され、概念やカテゴリーはそのことを説明するために使用されるという位置関係になる。このときに記述される現象とは、分析焦点者を中心とした行動や認識、他者との相互作用に関する内容になる。書き方も概念説明的記述と異なり、概念やカテゴリーの多くは叙述の文中に入ってくることになる。つまり、文章の中の一部分として記述されるので、概念やカテゴリーには波線や下線などの文字修飾を入れて視覚的にわかるようにするとよい。この記述方式では今述べたように、分析焦点者を中心に全体として現象がうごきとして述べられていくので、読みやすくなる。その点だけでみれば、エスノグラフィックな記述と似ているとも言える。しかし、スムーズな記述と読みやすさは、記述文中に分析の中心である概念やカテゴリーが埋め込まれる形になるから、逆に、それらを個別的に理解するのをむずかしくする。概念やカテゴリーとしての説明ではないから、それらが現象の多様性を一定程度説明できるということが、読者にわかりにくくなるからである。また、何が明らかにできたかが強調されにくいため研究としてのオリジナリティも際立たせにくい。

誤解がないように注意してほしいのは、どちらの記述方法をとるにしても、あるいは、二つのタイプを独自に組み合わせた形を試すにしても、分析結果自体は同じであって、すでに作業として終了しているということである。前章までで述べた分析が行なわれ、ストーリーラインや結果図も作成され、分析結果の確認も先述のチェックポイントに照らして済んでいるので、その次の最終段階の話である。

概念説明的記述と現象説明的記述の違いは、喩えで言えば、人間の動きを描くときに骨格・筋肉図で機能的に説明するか、実際の振る舞いを描写的に説明するかの違いのようなものであり、言うまでもないが後者の場合には前者が下敷きになっている。

私の考えでは、研究論文では字数制限という現実的制約に加え、論理性の明快さ、オリジナルな知見の提示、簡潔さなどが求められるので概念説明的記述を中心とする方が有効である。研究が行なわれた実践現場における経験的知識やさまざまな出来事を豊富に含みながらも、データの解釈から独自の概念やカテゴリーを生成しそれらによって説明するので、読む側も理解しやすく、査読の際にも評価されやすいであろう。むろん、先に指摘したこの記述タイプの欠点について十分対応することを含めて、ということである。具体例の挿入の仕方や数、分析結果全体のどの部分の説明であるかを維持しやすい記述、強弱をはっきりさせるなどがポイントとなる。修正版

M-GTAはコンパクトで緻密な分析結果を目的にしているから、その意味では概念説明的記述が適しているとも言える。

一方、単行本や長論文が可能な場合にはモノグラフとして発表できるので、現象説明的記述が適している。グレーザーやストラウスの一連の著作がその代表例で、よくまとまった分析結果であればあるほど読み物を読むように読める。この場合であっても、結果図は全体像の理解の助けとなるので提示したほうが良い。

第五節　分析内容の記述

次に、執筆に取り掛かったときの問題について触れておこう。言うまでもないことだが、書くべき内容が明確になっていなければ、書けない。とりあえず執筆していっても、確からしさとリアリティ感が自分の中でもあやふやであれば形だけになりやすい。そうした場合には、無理に書き進むのではなく、いったん停止をする勇気が必要である。なぜなら、書けないということは、解釈による質的研究にとっては非常に重要な〝安全装置〟だからである。これまでの説明からすでに理解されているように、修正版M-GTAは【研究する人間】を中心に据え、データ収集と分析を適切に進めていけるよう重要なチェックポイントをわかりやすく提示している。そのひとつ、ひとつについて自分の理解と判断を確認していけば、論文執筆の段階になって書けないという事態は回避できるように考えられている。はっきりしていない部分があれば、この段階に至る前に自己チェックができているであろうし、どこに立ち返って再確認したらよいかが判断しやすく工夫されている。言うまでもなく、手順を確認するだけでなく、それ以上にそれぞれの作業における自分の判断内容を確認するという意味である。調査研究の経験の違いは当然あるし、文章表現力にも個人差があるのは事実であるが、そのこととここで述べている「書けない」ということは別の話である。経験の差があるにしても、私は人間の思考能力自体にはそれほどの違いはないと考えており、要は何について考えるべきかがはっきり理解できているかどうかである。それには選択と判断が意識化されていることが重要なのであって、修正版はとくにこの点に配慮している。

ところで、ここで述べておきたいことは上記の意味での書けない場合ではなく、分析手順と判断内容を自己確認し分析結果も明確になっていると考えているにもかかわらず、思ったように書けない場合についてである。「書けない」のではなく「思ったように書けない」ときのことである。前章までで述べてきたことを踏まえていれば執筆が順調に行くかというと、必ずしもそうではないからである。ここまでの説明は言わば形式の話であって、ここで述べているのは記述的分析に特有のもうひとつの問題である。例えば、分析の時にはわくわくする躍動感があって手ごたえも実感できていたのに、いざ論文を書く段になるとその感じがうまく文章に表現できないといった感想が聞かれることがあるが、このギャップは何かという問題と考えても良い。書くべき内容が準備できていて自分でも何を書くべきかは分かっている（と思っている）のに、実際に書いてみると、「思ったように書けない」ことがある。データを解釈して概念を創っていくプロセスと、〝製品〟を説明することの違いということもできるかもしれない。前節で指摘した、概念説明的記述のときに概念生成過程を書いてしまうことである。執筆のときに理論的メモ・ノートをみたりすると、こうしたギャップを感じるものである。データの意味が浮上し、それがひとつのコトバに凝縮できたときの「わかった！」という経験は分析に対しての手ごたえとなるのだが、論文に書くときには何を手ごたえにしたら良いのかという問題である。

これはおそらく、書くしかないというか、書き込む経験を重ねることで自分のスタイルをもつことであろう。スタイルといっても形の問題ではなく、書くことの能動性の経験である。すなわち、データの解釈による質的分析においては分析作業が完了し書くべき内容が確認されたとしても、最終的に書くこと自体も実は分析作業の一部であるという見方である。分析結果が変わることはないのだが、概念間の関係など詳細な部分では文章化していく中で新しいアイデアが出てくることがある。書くことが自分との対話（dialogue）であり、対話とはその行為によりそれまでにあったものの相互作用から新たなもの（考え）が生成されるというダイナミズムを特徴とするからである。限られたスペースのなかで論理的に緻密な分析結果と現象特性の具体的ディテールであるデータとを織り合わせ、説明力のある記述を達成することは容易なことではないが、これは叙述分析のむずかしさであると同時に醍醐味でもある。

書く力はだれであっても経験と努力で身につけていく以外に方法はないのだが、留意点を挙げることはできる。一般的なことというよりも、修正版M-GTAを用いた場合についてであり、概念説明的記述であっても現象説明的記述であっても共通する点である。第一に、分析結果は秩序性を持って構成されているので、中心となるコア概念かコアカテゴリー、あるいは、カテゴリー関係が中心となるのであればそれを中心に、書き始める。この部分は設定した分析テーマに対する結論に当たる。第二に、その次に書く順序を決め、簡単なアウトラインをつくる。どのカテゴリーから説明していくのか、個々のカテゴリーではどの概念から述べていくのか、また、カテゴリーにしても概念にしても、どの関係から書いていくのかといった順序を決める。これは一見当たり前のように思われるかもしれないが、分析結果と同等の緻密さを文章でも維持するために重要なことである。

第三に、具体例の文中での提示方法である。数多く示せばよいのではなく説明例としてもっとも適切なものを選ぶ。このときは、分析ワークシートにたくさんの具体例が記録されているのでその中から適したものを選択することになる。文中に挿入する具体例の数や個々の長さは一概に言いにくいので、自分で適切さを判断する。なお、概念説明的記述では「主」と「従」で言えば、概念が主で具体例は従となるのに対して、現象説明的記述では同じレベルとなりやすい。つまり、現象についての記述のアクセントに具体例や概念が用いられることになる。引用する具体例を選ぶことはデータとの最終的な確認作業でもある。

第四には、推敲をすること。これは強調しておきたいことである。書き終わったら、最初から最後まで論文全体を一気に読むことを何度か繰り返し行なう。研究論文のように短い場合であっても、修士論文や博士論文のように分量が多くても同様である。

第六節　補足的事項

いくつか補足を述べておきたい。すでに明らかなように、論文を書いて発表することは単に自分が書きたいことを書くのではなく、その内容をよりよく理解してもらえるように書くことでもある。なぜなら、理解されなければ評価もされないし、その成果が実践にもつながりにくく、なによりも自分の労苦が報われなくなるからである。修正版M-GTAをはじめ、質的研究法による研究は評価方法が確立されているわけではないので、ていねいな対応が必要である。そのため修士論文や博士論文であれば付録として分析の作業記録を付ける。とくに分析ワークシートである。投稿論文であればその中での記述に加え、査読者の指摘があれば分析ワークシートの全部または一部を返答と共に提示すれば理解されやすくなる。

これに関連するが、主として研究論文として投稿する場合に関わるが、論文本体に記述することと、査読者からの質問に対して答えるときの資料とを分けて考えておくということである。とくに分析方法と分析過程についてである。

分析結果の表示についてであるが、生成した概念数とカテゴリー数を示すと読み手の理解の助けとなろう。また、各概念については、ヴァリエーションとしてデータから何例が得られたか、その数も示すことはできる。分析ワークシートの説明で指摘したように、具体例にはそれがどの対象者の発言であるかが分かるようにデータ部分の最後に識別記号をつけておくと、それらが特定の対象者に偏っていないことが示せる。すでに指摘したように、グラウンデッド・セオリー・アプローチは結果を度数で示すものではない。だから、こうした情報を示さなくてはならないのではないが、データと分析結果との関係を理解してもらうためには必要があればこの程度のことは簡単に対応できる。分析の記録そのものだから、取り立ててそのために新たな作業をする必要はないからである。

スーパーヴァイザーの指導を受けた場合には、その内容について本文中か脚注で記述する。

最後に、グラウンデッド・セオリー・アプローチの研究例をできるだけたくさん読むことである。グレーザーやストラウスらのものだけでなく、すでに修正版M-GTAの研究例も蓄積されてきているのでそれらを読むと本書で説明していることがらがより一層理解できる。

第二十章　適切な評価法の確立へ

質的データを用いた研究論文の評価については前著においても、また本書でもこれまでに何度か言及してきたが、最後にもう一度この問題を考えておきたい。その論文が何を明らかにしようとしたのかという研究上の問いとその結果を評価の対象とすることで、分析方法中心の評価の仕方をバランスあるものにすべきであると述べてきた。そうすることで、研究活動はその学問分野を越えた社会との健全な緊張関係を維持できるからである。そのためには論文の評価に当たって、研究分析方法についてだけでなく、問いと結果を評価できる人間を加える必要がある。具体的には、ヒューマンサービス領域であれば実務に詳しい研究者や実務に精通した人に内容について評価してもらうことが考えられる。査読誌の場合、すでにこうした配慮はそれなりになされているところもあるかもしれないが、評価方法として明確に位置づけた方が投稿者には理解しやすい。それだけでなく、評価方法如何によって研究活動の方向付けが実質的になされるので、とくに若い世代の研究者に対して大きな影響力を発揮できる。

こうした提案をするのは、質的データを用いた研究の分析方法が厳密ではないのでそれを許容するためではない。研究活動とは本来的にそうあるべきだと考えるからである。数量的研究法に対する批判や限界認識、質的研究への関心と期待という近年の動向により、本来的な視点が浮上してきたからである。そして、その視点が無視できないのがヒューマン・サービス領域の構造特性なのであり、そこで評価に耐えうる結果を残せる有望な研究法のひとつがグラウンデッド・セオリー・アプローチだからである。

次に、修正版M-GTAによる研究論文の評価について要点を述べる。修正版に限らず質的研究一般について指摘されることとして、論文を読んだり発表を聞いても、どうしてその結果が導かれたのかがわからない、データから都合のよい部分を恣意的に選び抜いたのではないか、あるいは典型例だけをつかっているのではないかといったことや、あるいは、分析結果と相容れないデータ、例外となる部分は捨象したのではないかという疑問や批判が多く見られることは、これまでに何度か触れてきた。

これまでの説明で、他のグラウンデッド・セオリー・アプローチと比較しても修正版の方式と考え方がこうした疑問や批判に具体的に応えるものであることは理解されたであろう。修正版での分析作業は grounded on data と coding & retrieval の原則にのっとり体系的に行われる。しかも、データの解釈、概念生成、カテゴリー生成のすべてにわたり継続的比較法を組み込んでいる。類似比較ではなく、対極比較、反対例を検討する。自分の解釈に対して、そして、データの中の具体例に対して、常に反対の場合を想定し、データでその有無を確認していく。その結果をワークシートの理論的メモ欄に記入していくのである。両レベルにおいて反対の場合を継続的に検討していくことは、現象の取り得る最大幅と解釈が許容される最大幅を確認することになるから、研究者が意識せずに一定方向に解釈を進める危険をチェックすることができる。同時に、この点が重要なのだが、この方法により例外を排除するのではなく、逆に例外を取り込みながら分析を進めることができるのである。なぜなら、対極例があればそこから新たな概念生成をするし、検討の結果対極例が見つからなければ自分の概念の有効性を確認できるからである。前者の場合には分かりやすいが、後者では確認の意味がわかるようにワークシートの理論的メモ欄に記入することはすでに説明したとおりである。

修正版の分析方法を理解していない人がこの方法による論文を読む際に、留意してほしいポイントがある。それは、論文を書く側と読む側とで順序が逆になるという問題である。どういうことかというと、書く側からすると「データ→概念→カテゴリー→プロセス（結論）」という分析プロセスとなるのだが、論文ではこの順序が逆なり、全体の結論が最初に示され、それを構成するカテゴリー、ついで各カテゴリーを構成する概念、概念が現実のどのようなことを示しているかを理解しやすいようデータの例示部分を紹介するという流れとなる。概念説明的記述であっても現象説明的記述であっても、この点は大差ない。読む側は当然、論文の流れで理解しようとする。そのため、論文中に示されるデータは例示部分でしかないことになる。実際の分析はデータに密着して緻密に行なわれているのだが、その作業経過と詳細は論文からはわからず例示だけをみると自分の解釈に合致したデータだけを選別したのではないか、例外は除外しているのではないかといった上記の疑問となりやすいのである。

この問題は投稿者を悩ませるのだが、分析過程を説明する余裕は論文ではないし、またそれができたとしても今度は分析結果の記述と重複がひどくなるから論文のまとまりが崩れる危険が出てくる。修正版の方法が理解されることと、論文を提出する側も分析プロセスは必要に応じて簡単に示すことができるので、双方の努力でバランスの取れた評価方法が確立されることが期待される。

◆引用・参考文献

Coffey, Amanda and Paul Atkinson, eds. 1996 *Making Sense of Qualitative Data: complementary research strategies*, SAGE Publications, Thousand Oaks, 1996

Denzin, Norman K. and Yvonna S. Lincoln, eds. *Strategies of Qualitative Inquiry*, SAGE Publication, Thousand Oaks, 1998

Faris, Robert. E.L. 1967 *Chicago Sociology 1920-1932*, Chandler Publishing Company.『シカゴソシオロジー1920-1932』奥田道大、広田康生訳、ハーベスト社、一九九〇

Flick, Uwe 1995 *Qualitative Forschung*. Rowohlt Taschenbuch Verlag GmbH, Reinbek bei Hamburg.『質的研究入門――〈人間の科学〉のための方法論』小田博志、山本則子、春日常、宮地尚子訳、春秋社、二〇〇三

Glaser, Barney 1978 *Theoretical Sensitivity: Advances in the Methodology of Grounded Theory*. The Sociology Press, Mill Valley, California

Glaser, Barney 1992 *Basics of Grounded Theory Analysis: Emergence vs. Forcing*. The Sociology Press, Mill Valley, California

Glaser, Barney & Anselm L. Strauss 1965 *Awareness of Dying*. Aldine Publishing Company, New York.『死のアウェアネス理論と看護――死の認識と終末期ケア』木下康仁訳、医学書院、一九八八

Glaser, Barney & Anselm L. Strauss, 1967 *The Discovery of Grounded Theory: Strategies for Qualitative Research*. Aldine Publishing Company, New York.『データ対話型理論の発見』後藤隆、大出春江、水野

節夫訳、新曜社、一九九六
木下康仁　一九九九『グラウンデッド・セオリー・アプローチ――質的実証研究の再生』弘文堂
木下康仁　二〇〇一「質的研究法としてのグラウンデッド・セオリー・アプローチ――その特性と分析技法」コミュニティ心理学研究　5(1), 49-69
木下康仁　二〇〇三「質的研究の方法論を問う――グラウンデッド・セオリーに焦点を当てて」日本看護研究学会雑誌、26(1), 31-44
Mills, C.W. 1959 *The Sociological Imagination.* Oxford University Press.『社会学的想像力』鈴木広訳、紀伊国屋書店、一九六五
箕浦康子　編著　一九九九『フィールドワークの技法と実際――マイクロエスノグラフィー入門』ミネルヴァ書房
水野貴子、中村菜穂、服部淳子、岡田由香、山口桂子、松本博子、二〇〇二「小児がん患児の入院初期段階における母親役割の変化と家族の闘病体制生成プロセス（第１報）」日本小児看護学会誌、11(1), 23-30
水野貴子、中村菜穂、服部淳子、岡田由香、山口桂子、松本博子、二〇〇三「小児がん患児の治療の安定段階における母親役割の変化と家族の闘病体制維持プロセス（第2報）」日本小児看護学会誌、12(1), 8-15
中川薫　二〇〇三『重症心身障害児の母親の「母親意識」の形成と変容のプロセスに関する研究――社会的相互作用に着目して――』保健医療社会学論集、14(1), 1-12
西村由紀子　二〇〇三「老年看護学校実習における看護学生の学び」西九州大学大学院健康福祉学研究科健康福祉学専攻、修士論文
小倉啓子　二〇〇二「特別養護老人ホーム新入居者の生活適応の研究――「つながり」の形成プロセス」老年社会科学、24(1), 61-70

佐川佳南枝　二〇〇一「分裂病患者の薬に対する主体性獲得に関する研究――グラウンデッド・セオリー・アプローチを用いた研究」作業療法、20, 344-351

佐川佳南枝　二〇〇三「統合失調症患者の薬に対する主体性獲得に関する研究――グラウンデッド・セオリー・アプローチを用いて（第2報）」作業療法、22, 69-78

酒井都仁子　二〇〇三「頻回来室者の保健室認識変化のプロセス」千葉大学大学院教育学研究科養護教育専攻、修士論文

Seale, Clive Using Computers to Analyse Qualitative Date, In: *Doing Qualitative Research: a practical handbook*, ed. By David Silverman, 2000

Silverman, David 2000 *Doing Qualitative Research: a practical handbook*, SAGE Publications, Thousand Oaks, 2000

Silverman, David ed. 2000 *Qualitative Research: theory, method and practice*, SAGE Publications, Thousand Oaks, 2000

Strauss, Amselm L. 1987 *Qualitative Analysis for Social Scientists*. Cambridge University Press, Cambridge.

Strauss, Anselm L. & Juliet Corbin, 1990 *Basics of Qualitative Research: Grounded Theory Procedures and Technique*. SAGE Publications, New York.『質的研究の基礎――グラウンデッド・セオリーの技法と手順』南裕子監訳、操華子、森岡崇、志自岐康子、竹崎久美子訳、医学書院、一九九九

山本則子、萱間真実、太田喜久子、大川貴子　二〇〇二『グラウンデッドセオリー法を用いた看護研究のプロセス』文光堂

あとがき

この本をまとめるのは、楽しい作業であった。これまでにない経験であったが、これはどのような形であれ〝道具〟を作ることがもつ特性であるかもしれない。むろん、道具といってもこの場合には〝使い手〟とセットで道具になるという特殊なケースであるので、使い手像をできるだけ明確に提示したつもりである。また、道具の設計図やそのもとのコンセプトなども踏み込んで論じた。要点をおさえれば、自分の判断と選択により本書で提示した道具に修正を加えて、その人、その人に応じたもっとも良い使い方が工夫される余地を残している。考え方と一緒に具体的な方法を説明しているので、考え方を理解すれば方法には一定のヴァリエーションがあって当然である。その方が、よりしなやかな研究が可能となる。あるいは、意義と責任を意識して研究活動を行ないやすくなると言うこともできる。

本書は前著『グラウンデッド・セオリー・アプローチ――質的実証研究の再生』の続編であるが、序章でも触れたように最初から計画されたわけではなかった。直接のきっかけは、前著刊行後まもなくであったがグラウンデッド・セオリー・アプローチについての勉強会を始めようという青木信雄先生はじめ何人かの方々からのお誘いであった。ごく少人数で始まった勉強会だったが、その後いろいろな領域からの参加者があり、現在の「実践的グラウンデッド・セオリー研究会（略称、M-GTA研究会）」となっている。専門領域が多岐にわたるだけでなく、大学院生から実務者、大学教員までいろいろな立場の人たちが一緒に参加し、ほぼ隔月に研究例会を開いてきている。早いもので、すでに4年目に入っている。この研究会がなかったら、修正版M-GTAもここまで具体的な形でまとまることはなかったかもしれないし、本書も作られなかったかもしれない。元来不精である私がこの研究会に関してはこれまで〝皆勤〟であることは自分でも驚きなのだが、単に研究結果を論文として発表するだけでなく、その成果を実践に活かす道筋をなんとか開拓したいという思いが根底にあるためでもある。この部分を抜きには修正版も片肺飛行となってしまうのだが、まだ未開拓に近い状況である。この点を今後の重点課題と認識している。とはいえ、ここまで到達できたのはこの研究会に拠るところが大きい。青木先生はじめ研究会の皆さんのおかげである。

本書のもうひとりの生みの親は、前著以降の発展を理解され続編としての刊行を強く勧めてくださった弘文堂編集部の中村憲生氏である。前著のときと同様に、今回も中村氏にお世話になった。改めて、感謝申し上げる次第である。

二〇〇三年六月二三日

木下康仁

[著者紹介]
木下　康仁（きのした　やすひと）
1953年　山梨県小菅村生まれ
1984年　カリフォルニア大学サンフランシスコ校、人間発達・エイジング研究科博士課程修了（Ph. D.）
現　在　聖路加国際大学看護学研究科特命教授、立教大学名誉教授
主　著　『定本 M-GTA：実践の理論化をめざす質的研究方法論』医学書院、2020
『シニア　学びの群像』弘文堂、2018
『ケアラー支援の実践モデル』（編著）ハーベスト社、2015
『グラウンデッド・セオリー論』弘文堂、2014
『文化と看護のアクションリサーチ』（訳）医学書院、2010
『老人の歴史』（訳）東洋書林、2009
『質的研究と記述の厚み』弘文堂、2009
『改革進むオーストラリアの高齢者ケア』東信堂、2007
『ライブ講義 M-GTA』弘文堂、2007
『分野別実践編　グラウンデッド・セオリー・アプローチ』（編著）弘文堂、2005
『グラウンデッド・セオリー・アプローチ』弘文堂、1999
『福祉社会事典』（共編）弘文堂、1999
『ケアと老いの祝福』勁草書房、1997
『老人ケアの人間学』医学書院、1993
『福祉社会スウェーデンと老人ケア』勁草書房、1992
『老人ケアの社会学』医学書院、1989
『死のアウェアネス理論と看護』（訳）医学書院、1988
『慢性疾患を生きる』（共訳）医学書院、1987

グラウンデッド・セオリー・アプローチの実践

2003（平成15）年8月15日　初版1刷発行
2022（令和4）年10月30日　同 17刷発行

著　者　木 下　康 仁
発行者　鯉 渕　友 南
発行所　株式会社　弘 文 堂　101-0062 東京都千代田区神田駿河台1の7
TEL 03（3294）4801　振替 00120-6-53909
https://www.koubundou.co.jp

装　丁　笠井亞子
印　刷　図書印刷
製　本　牧製本印刷

ISBN4-335-55089-8